Esta es la noche
Jesús Ayet

Colección Baños del Carmen

Jesús Ayet

Esta es la noche

EDICIONES VITRUVIO
Colección Baños del Carmen,
n.º 1066

www.edicionesvitruvio.com

Primera edición, 2025

© Ediciones Vitruvio
C/ Menorca, nº 44
28009
Madrid
Teléfono: 91 573 21 86

ediciones vitruvio, nº 1. 782
ISBN: 979-13-991070-2-9

Esta es la noche

1ª parte
RESUCITASTE DEL ABISMO

¡Qué noche tan dichosa! Sólo ella conoció el momento en que resucitaste del abismo. ¡Qué noche tan dichosa! En ella se junta el cielo con la tierra, lo humano con lo divino!

(Pregón de la Vigilia Pascual)

(1)

En el amor del árbol se vislumbra tu amor, en el amor del cielo se vislumbra tu amor.

En el amor del agua, en el amor de las olas, en el amor del tiempo se vislumbra tu amor.

Se vislumbra tu amor en el amor del fondo de los mares.

Se vislumbra tu amor en el amor de las algas y los peces.

En el amor de las estrellas de mar, en el amor de las corrientes submarinas.

Se vislumbra tu amor en el espacio sideral donde habitan los ángeles.

Donde habitan las nubes y habitan todas las criaturas celestes.

Se vislumbra tu amor en el camino que lleva a las montañas.

En el camino que lleva a las cuencas fluviales, en el camino que lleva a la orilla del río.

Se vislumbra tu amor en el atardecer.

(2)

Se vislumbra tu amor en la noche porque has creado la noche.

Porque has creado el cielo, has creado la tierra.

Se vislumbra tu amor en las olas del mar porque has creado el mar.

Porque has soplado sus aguas y has provocado todas y cada una de sus olas.

Se vislumbra tu amor en la blancura de la espuma de las olas.

En la blancura de la nieve de las altas cumbres, en la blancura de la sal en las salinas.

Se vislumbra tu amor en la noche y en el mediodía.
A la luz de las estrellas y a la luz del mediodía.
Porque Tú eres la luz, porque Tú eres la estrella.
Porque Tú eres la noche y eres el amanecer de cada día.

(3)

Porque Tú eres los días y eres las estrellas, las estrellas del cielo, las estrellas del mar.

El fondo de los mares que Tú mismo habitas como si fueras pez.

Como si fueras alga, como si fueras corriente submarina.

Se vislumbra tu amor en el amor del árbol.

Se vislumbra tu amor en el amor de la noche.

Se vislumbra tu amor en el amor del mediodía.

Porque Tú eres el árbol, porque Tú eres la noche, porque Tú eres también el mediodía.

Se vislumbra tu amor en la nube de mis sueños, en el cielo de mis sueños, en la noche de mis sueños.

Se vislumbra tu amor en cada noche y en cada amanecer, en cada mediodía y al caer de la tarde.

Se vislumbra tu amor en la orilla del mar, en la orilla del río.

(4)

En el transcurso de los ríos por entre las montañas.

Se vislumbra tu amor en los árboles a la orilla del río.

Tu amor es deslumbrante como el amanecer, tu amor es deslumbrante como el rielar de la luna.

Tu amor es deslumbrante como el arrebol de las nubes cuando se oculta el sol detrás de ellas.

Tu amor es deslumbrante igual que tu mirada, igual que tu sonrisa.

Igual que la hinchazón de tu pecho cada vez que respiras.

Me deslumbra tu amor, cada vez que me miras me deslumbra tu amor.

Cada vez que tu mano acaricia mi mano me deslumbra tu amor.

Cada vez que respiras igual que yo respiro me deslumbra tu amor.

Porque tu amor es luz igual que tu mirada, porque tu amor es aire que se respira y da la vida.

(5)

Porque tu amor es el caudal del río que calma la sed y te diluye.

Para que al ser bebido me inundes y me llenes, me desbordes.

Derramado en mi ser como un mar que se expande, derramado en mi ser como luz infinita.

Derramado en mi ser como luz que recorre los espacios y los llena.

Y se adueña de ellos, los sostiene y mantiene para que giren los planetas y brillen las estrellas.

Me deslumbra tu amor como el amor del árbol, como el amor del cielo.

Como el amor del mar con su oleaje, como el amor de los campos de trigo y los rebaños escandalosos.

Como el amor de los girasoles que buscan tu mirada.

Me deslumbra tu amor mientras pasa la noche.

Mientras transcurre el tiempo que a veces se para a descansar.

y(6)

Como niño enfadado, como ensenada o lago, como nube que oculta el más allá.

Como lobezno inquieto que se asoma en la noche y todo le sorprende.

Como atleta que salta la distancia más larga, inesperada.

Me deslumbra tu amor entre mis manos, tu amor entre los labios de mi boca.

Tu amor en mi garganta, en mis entrañas.

Tu amor en el latido que da mi corazón mientras te espero.

Mientras te adoro, mientras te contemplo, en mi barca sin remos, descansando.

Avanzando despacio entre las olas, sin orilla visible, a la deriva.

Dejando que nos guíe la ventura, confiado en el agua.

Confiado en el aire y en tu soplo divino mientras duermes, mientras duermes, acaso mientras duermes.

[2]

(1)

Con tu mirada alumbras mi mirada, con tu mirada abres mi corazón.

Y desparramas en mí tu agua y tu sangre.

Con tu mirada haces que mis manos acaricien las nubes.

Haces que mis manos alcancen las estrellas.

Haces que mis manos recorran entero el horizonte.

Con tu mirada mis ojos miran todo el mundo.

Mis ojos miran la luna y la arrastran hasta mi pecho.

Con tu mirada haces que mis ojos miren las fieras de la selva y las hagan gruñir y devorar y destrozar.

Con tu mirada troto como el caballo y mujo como el toro.

Con tu mirada soy un cachorro de elefante a la orilla del lago.

(2)

Deslumbras con tu mirada todo mi pensamiento.

Se abre con tu mirada mi pecho y se llena del aire que Tú mismo respiras.

Abres mi corazón con tu mirada, abres mi pecho y entras en él como si fuera el tuyo.

Y lo ocupas, lo llenas, lo completas, le haces respirar como respira el tigre en su rugido.

Como respira el toro en su mugido, como respira el águila en su vuelo.

Me haces volar con tu mirada, me haces trotar, me haces bramar y relinchar.

Alcanzo la altura de tus ojos y al llegar a tu frente me hago de tus pensamientos.

Me piensas y me haces, reconstruyes mi ser con tan sólo pensar.

Reconstruyes mi ser y haces de mí una nube o una estrella.

Haces de mí un caballo o un muchacho enamorado.

(3)

Con tu mirada me enamoras, me anudas a ti mismo, me haces tuyo.

Reconstruyes en mí tus mismas alas, me otorgas el aliento de tu boca y me haces volar.

Vuelo por ti, vuelo hacia ti, vuelo dentro de ti porque eres el cielo y te recorro.

Tu pecho es el inmenso océano en que nado, de tu pecho proceden las olas que me ahogan.

Pues me ahogo en tu ser, me derrito en tu ser, me diluyo en tu ser como si fuera agua o fuera aire.

Y hecho estoy de tu carne, de carne de tu carne, de pan de tu mismo pan.

En mis venas tu sangre me recorre, tu sangre me da vida.

Tu sangre me hace nacer de nuevo como una criatura.

Emerjo de tu seno y de tu luz soy luz porque he nacido.

De tu luz y de tu voz porque me nombras, cada noche me nombras.

y(4)

Y esta noche me nombras de nuevo para que vaya a ti.

Esta noche me nombras para que no me olvide de mi nombre y me acuerde del tuyo.

Me recueste a tu lado, y me duerma lo más cerca posible de tus sueños.

Y sueñe con la arena de las dunas, y sueñe con las nubes y las olas.

Y sueñe las mañanas, sueñe los mediodías, y sueñe cada noche con la luna creciente.

Pues sueño soy en ti de tu propio sueño, leve respiración que nos mantiene unidos.

Unidos en la noche como estrellas del cielo.

Unidos en la noche como agua en el agua, como luz en la luz, como viento en el viento.

Aliento tuyo en mí, aliento mío en ti pues me respiras.

Sueño soy esta noche de tu sueño, silencio soy de tu mismo silencio.

[3]

(1)

Esta es la noche de tu amor en mi amor.
Esta es la noche de tu amor a mis manos y a mis ojos.
De tu amor a mis labios y de tu amor a mi garganta.
Es la noche de tu amor a mis alas y a mi frente.
Esta es la noche de tu amor a mis sueños y a mis silencios.
La noche de tu amor a mis nubes y a mis estrellas.
De tu amor a mis olas y a la espuma de mi oleaje.
Esta es la noche de tu amor a mis llanuras, a mis enormes desiertos, a mis inmensidades.
La noche de tu amor a mi vida y a mi muerte, la noche de tu amor a mi resurrección.
Resucito en tu ser, renazco de las entrañas de tu vientre.

(2)

Pertenezco a la estirpe de tus sueños y de tus palabras.
Pertenezco a la voz de tu garganta, a la voz de tu pecho cuyo aliento me exhala.
A la voz de tu boca y al silencio de tu mirada.
Esta es la noche de tu amor en mi amor, de mi amor a tus ojos y a tu boca.
Porque amo tus ojos, porque amo tu boca, amo las heridas de tu frente.
Amo la llaga de tu pecho, amo las llagas profundas de tus manos y de tus pies.
Estás clavado en mí, yo te sostengo, yo soy la cruz donde te han crucificado.
Yo soy la cruz donde aún respiras antes de dar tu último aliento.

Soy esa cruz que te sostiene en el dolor, y me duelen tus brazos.

Y me duelen tus manos, y me duele tu frente y el chorro de agua y sangre que emana de tu pecho.

(3)

Me duele tu garganta que ya apenas grita apasionada.

Me duele el hilo de saliva que queda en el recinto de tu mordedura.

Esta es la noche en que sufres en mí, en que dueles en mí.

Gozo de tu dolor, sufro en tu dolor, me desangro en tu sangre.

Me deslío y me licuo en tu paladar, como Tú mismo en mí.

Como Tú mismo en mí en esta noche en que vuelves a mí para resucitar en mí, para resucitarme.

Esta es la noche en que te amo, en que amo tus manos en mis manos.

En que amo las heridas de tus manos en mis manos.

En que amo la llaga de tu costado en mi costado.

En que amo las heridas de tu frente que manan en mi frente.

(4)

Tu corona de espinas clavada en mi cabeza.

Como si fuera copa de árbol o fuera nube que truena y me ensordece.

Esta es la noche en que te amo, en que amo tus brazos y tus alas.

En que amo tu espalda oculta a mi mirada, huyendo entre tinieblas de una alta, encrespada montaña.

Adonde subí un día para apenas mirarte, para solamente sentirte en mi mirada.

20

Esta es la noche en que amo tus manos y amo la caricia de tus manos.

La sangre de tus manos, el sudor de tus manos, el calor de tus manos.

La asperidad de tus manos heridas y llagadas.

En que amo la suavidad y la ternura de tus manos que recorren mis hombros y acarician mis brazos.

Y que extienden mis alas para enseñarme el vuelo y la distancia.

(5)

Para enseñarme la cercanía y la lejanía de las cosas.

Para enseñarme el curso del viento en cada atardecer.

Esta es la noche, la noche de tu amor en mi amor, la noche de mi amor en tu amor.

Para amarte despacio recorriendo distancias.

Para amarte despacio contando de una en una las huellas y las nubes.

Contando de una en una las estrellas que conviene saltar para encontrarte y abrazar tu cintura.

Abrazar la infinita longitud circular de tu cintura.

Y sumergir mi beso en el abismo de tu vientre.

Esta es la noche de tu amor en mi amor, tu amor en mi costado y tu amor en mi vientre.

Tu amor en los labios de mi boca, tu amor en los pensamientos de mi frente.

(6)

Tu amor en la mirada de mis ojos cuya luz es la tuya.

Tu amor en la envergadura de mis alas que solamente Tú sabes medir.

Tu amor en mi costado herido como el tuyo, tu amor en mí y alrededor de mí.

Tu amor dentro de mí, que crece como el árbol de la vida y florece de amor igual que los almendros.

Esta es la noche en que renace tu voz para llamarme.

En que renace la luz de tu mirada para enseñarme a ver.

En que renace el movimiento de tus manos para alcanzar las mías.

La noche en que renace del manantial sangriento de tu pecho mi propio manantial.

De sangre y agua como el tuyo, de vida y tiempo como el tuyo, de llamada de amor.

Cauce de amor que se desborda como el tuyo, río de amor que aumenta su caudal con cada trueno.

(7)

Con cada rayo atormentado, con cada lluvia de amor que lo riegue y lo nutra.

Río de amor en mí que de tu amor procede, de tu lluvia procede, de tu trueno y tu nube.

Esa nube de amor que emergió de las aguas del mar por el calor del sol.

Ese sol que en tu pecho se complace, ese sol que en tu pecho renace para alumbrar el mundo.

Ese sol que se nutre de tus ojos, de la luz de tus ojos.

Ese sol que de un costado a otro de tu ser hace avanzar los días y las noches.

Hace sentir los días y las noches, deja contar los días y las noches.

Y enumera las cosas y las nombra, porque es noche de amor.

Es noche luminosa, es noche de dolor y de esperanza.

Tu propia noche de dolor y de esperanza, de herida que ya pronto se cura.

(8)

De herida que se abre de nuevo y que luego se cierra para siempre.

Noche de herida en mí, y de dolor en mí, y de esperanza en mí.

De luz en mí porque me alumbras, de dolor en mi ser porque me duele el tuyo.

De dolor en mi cuerpo y en mi alma porque soy de tu cuerpo, porque soy de tu alma.

Cuerpo de ti en mí creciendo hasta llenarme, alma de ti en mí constituyéndome.

Haciéndome de amor como Tú mismo, despertando a la vida mi ser de puro sueño.

Resucitando en ti cada parte de mí, mis manos resurrectas en tus manos.

Mis ojos resurrectos en tus ojos, mis alas resurrectas en tus alas.

Mi frente resucitada de tu frente, mi pecho resucitado de tu pecho.

Mi vientre resurrecto de tu vientre, mi corazón resucitado de los latidos que da tu corazón.

(9)

Esta es la noche en que me amas, la noche en que te amo y que me amas.

Noche eterna de amor, que fecunda de amor con cada movimiento.

Que fecunda de amor a cada nube, a cada estrella, a cada ola del mar, a cada ave.

A cada fiera de la selva, a cada árbol, a cada espiga.

A cada ser factible de moverse con el viento, el soplo de tu aliento mientras duermes.

El soplo de tu aliento al despertar, el soplo de tu aliento a cada palabra que pronuncies.

Al soplo de tu aliento en cada nombre que digas en sueños o despierto.

Mis sueños en tus sueños, sueño de ti en mí, mi propio sueño en ti.

Tu propio sueño en mí que al decirme me creas y das vida, vida de ti que emana de tu vientre.

Que emana de tu pecho, que se nutre del aire de tu costado herido, y me hiere.

y(10)

Me hiere y me alimenta, me da tu propio espíritu, me dota de memoria, me otorga inteligencia.

Y me enseña a decir cuánto te amo, me enseña a comprender cuánto me amas.

Me enseña las palabras con que nombras la vida, me enseña a pronunciarlas y saberlas.

Me enseña a nombrar dunas, acariciar el agua, beber del manantial de tu costado.

Esta noche de amor en que me amas, esta noche de amor en que te amo.

Esta noche de amor que cura tus heridas, esta noche de amor que me enseña a olvidar y a perdonar.

Esta noche de amor que se desborda como caudal inmenso y al mar se precipita en cada amanecer.

Y en cada amanecer dice tu nombre como si fuera un beso y goza su dulzura.

Y susurras mi nombre y te embebes en mí, me das la dicha, me otorgas tu alegría, tu delicia.

En cada amanecer, pues resucitas, esta noche de amor en la que resucitas.

[4]

(1)

Esta es la noche en que sé que me amas.

Enamorado estoy de tu palabra, enamorado estoy de tu rostro y de tus manos.

Estoy enamorado de tus brazos y tus alas.

Enamorado estoy en esta noche de tu bostezo al despertar.

Pues despiertas en mí y miro cómo puedes levantarte, despierto de tu lecho de piedra en la oquedad.

Esta es la noche en que sé que te amo, enamorado estoy de tu silencio.

Enamorado estoy de tu llamada de luz entre las nubes.

Enamorado estoy del trueno que a lo lejos se oye, gracias al cual despiertas y me miras.

Te levantas y vienes hacia mí, como viene la nube, como viene la luna.

Como viene la estrella o viene la mañana, vienes a mí como vienen las horas del día.

(2)

Como vienen las aguas torrenciales, a mí como la luz del sol.

A tal velocidad que apenas puedo abrir mis brazos y abrazarte.

Esta es la noche en que sé que me amas, esta es la noche en que sé que me amas.

Enamorado estoy de tu silencio, enamorado estoy de cada movimiento de tus manos.

De cada movimiento de tus alas abiertas ahora para mí.

Enamorado estoy del calor de tu pecho, enamorado estoy de tu vientre despierto y luminoso.

Como desierto o mar, como salina de imposible blancura.

Enamorado estoy de tu blancura, enamorado estoy de tu bondad, de tu belleza.

Porque Tú eres el más bello de los hombres.

Enamorado estoy de cada herida que me muestra tu cuerpo en tanta desnudez como la arena.

(3)

Como la duna, como la ola, como la hoja del árbol, como el cielo.

Tu desnudez de mar ya puesto en calma, tu desnudez de árbol de la vida.

Tu desnudez de noche que amanece, tu desnudez rotunda como el tiempo.

Tu desnudez de línea de horizonte, amo tu desnudez herida por mis manos.

Tu desnudez herida por mi boca, tu desnudez herida por mis sueños.

Amo tu desnudez en esta noche en que sé que te amo, en esta noche en que sé que me amas.

Porque amas mis manos, porque amas mi frente, amas mi pecho y amas mi pensamiento.

Amas cada latido que da mi corazón y amas mis entrañas con el calor de las tuyas.

Amas la sangre de mis venas y el licor de mi amor.

Lácteo como lluvia de estrellas que humedecen tu vientre y lo fecundan.

(4)

Fecundado de ti queda mi vientre como el tuyo, fecundado de ti y enamorado.

Fecundado de ti para continuar la vida y volver a nacer.

Fecundado de ti para sentir dentro de mí el origen del mundo.

Fecundado de ti para sentir en mí cada palabra que pronuncies.

Aprenderla, entenderla, pronunciarla yo mismo como prueba de amor en esta noche.

Esta noche de amor en que sé que me amas, esta noche de amor en que sé que te amo.

Porque me resucitas, me haces revivir y Tú mismo revives en mi vientre.

Revives en mi pecho, resucitas en mí y vuelven mis entrañas a vivir de ti mismo.

De tu resurrección en mí para seguir amándote, y seguir esperándote, y seguir adorándote.

Y contar beso a beso tus heridas, beso a beso curarlas y entrar de nuevo en ti para llenarte.

(5)

Y recorrer tu abismo y abismarme, abismado en tu ser como ave perdida en busca de su nido.

Como cachorro o niño que pierde la manada, como oveja extraviada que Tú buscas y encuentras.

Me buscas y me encuentras, esta noche me encuentras, esta es la noche en que me encuentras.

Esta es la noche en que me buscas y me encuentras.

Esta es la noche en que me llamas, me buscas y me encuentras.

Me hago el perdidizo en mero juego, gozando de tu búsqueda.

Me buscas en la nube y ahí no estoy, me buscas bajo el árbol y ahí no estoy.

Me buscas en el campo de espigas y ahí tampoco estoy, me buscas entre los helechos y ahí tampoco estoy.

Me buscas debajo de las piedras y no estoy, me buscas en la cumbre nevada y ahí no estoy.

Me buscas a la orilla del río y ahí tampoco estoy.

y(6)

Escondido en los juncos te contemplo y gozo mientras buscas y me sigues buscando.

Me escondo en el almendro como un nido de gorrión y me quedo callado, en pleno acecho.

Y por fin aparezco y nos reímos, y el abrazo nos funde, y subimos al cielo.

Y subimos al cielo y contamos las nubes y nuestro baile en ellas causa lluvia y provoca tormentas.

Y se hace de noche mientras tanto, y se hace de noche y, siendo temeroso, me proteges.

Asustadizo, en ti me siento protegido, me guardas en tus alas.

Me dejas respirar de tu aliento y contar los latidos que da tu corazón, tan cerca ahora del mío.

Estoy enamorado de tu pecho, bebo de tu sudor y de tu sangre, devoro tu ternura y tu dulzura.

Me embriago de tus lágrimas, que son lágrimas de amor como las mías, porque lloro por ti.

Lloro de ti, de tanto gozo, hasta ahogarme de ti, cumplida mi esperanza.

[5]

(1)

Esta es la noche en que sé que me amas.

Esta es la noche en que me resucitas y al volver a la vida contemplo tu mirada.

Y contemplo tu rostro, y contemplo el movimiento de tus manos.

Y contemplo tu pecho herido en el costado, y contemplo tu vientre desnudo como el mío.

Y contemplo tus brazos y tus piernas, tus rodillas sangrantes, tus pies ya taladrados.

Y quedo enamorado al contemplarte, y quedo enamorado con mirarte.

Y quedo enamorado de tu rostro, y quedo enamorado de tu pecho.

Y quedo enamorado de tu vientre y de tus brazos, y quedo enamorado de tus manos.

De tus heridas quedo enamorado y con cuidado arranco las corona de espinas de tu frente.

Y me la pongo, para ser como Tú, me hiero en el costado para ser como Tú.

(2)

Me taladro las manos y los pies para ser como Tú.

No me quiebro las piernas pues las tuyas son firmes.

No me arranco las alas pues aún no han crecido.

Pero al abrir mis ojos, renacido, te deseo y te amo como Tú me deseas.

Cargado de bondad y de misericordia, cargado de hermosura y de ternura.

Cargado de dulzura pues la miel de tu sangre mana de cada herida, en esta noche en que me resucitas.

Haces de mí la boca que te besa, haces de mí los brazos que te abrazan.

Haces de mí la mano que suavemente te acaricia.

Haces de mí la lengua que lame de tu miel y de ella se alimenta.

Haces de mí la mordedura que devora tu carne tierna aún como pan recién hecho.

(3)

Sabrosa como lluvia o tormenta, dulce también como canción de arcángel.

Alimentado quedo de ti mismo, pues has vuelto a la vida y me has dado la vida nuevamente.

Renacido de ti, Tú has renacido en mí y me llenas de ti con tu sangre y tu carne.

Y me llenas de ti con tu aliento santísimo, en esta noche en que sé que me amas.

En esta noche en que sé que te amo, enamorado estoy de tu hermosura.

Enamorado estoy de tu bondad y tu dulzura, no me aguanto las ganas de tenerte.

Y por eso te busco, ahora mismo te busco hasta encontrarte, yo sé bien dónde encontrarte.

No me aguanto las ganas de abrazarte y por eso te abrazo.

No me aguanto las ganas de besarte y por eso te beso.

No me aguanto las ganas de mirarte y por eso te miro y nunca dejo de mirarte.

(4)

No me aguanto las ganas de curar tus heridas y por eso las curo con mis besos.

No me aguanto las ganas de adorarte y por eso te adoro.

No me aguanto las ganas de sentirte por dentro de mí mismo y por eso comulgo de tu pan consagrado y de tu sangre.

Hasta engordar de ti, hasta crecer de ti como crecen los árboles.

Hasta embriagarme en ti y de ti, sin parar de beberte y de comerte.

Es tan tierno el manjar, es tan dulce esta agua que me ofreces.

A cántaros emana de tu pecho y la hago mía, cauce seco era yo y ahora caudaloso.

Porque te has derramado en mis entrañas, porque te has derramado en mí con despertarme.

Porque me has inundado con tan solo mirarme.

Levemente tocarme con tu dedo, a distancia de mí, pero cerca de mí.

y(5)

Lo más cerca posible de mí mismo, y dentro de mí mismo, al salir de la cueva donde estabas.

Oculto en las entrañas de la tierra, al despertar ahí, al ascender de ahí.

Al brotar como brota la mies o brota el girasol.

Al brotar como brotan las cañas y los juncos a la orilla del río.

Al brotar de la tierra como brota la espiga o florece el almendro.

Con tan solo mirarme me has llenado de ti como la lluvia.

Con tan solo mirarme me has llenado, de ti, como si fueras lluvia o fueras viento.

Me has sembrado de ti como buen labrador y me has curado del sueño de Abadón, del temblor del Seol.

Porque al resucitar en mí me resucitas, porque al vivir en mí me das la vida.

La vida verdadera de tu vida, resucitado en ti, resucitado, en mí resucitado.

[6]

(1)

Amo tu desnudez, inmensa como el mar, como el desierto.

Arenosa como las dunas, húmeda como la orilla bañada por las olas.

Amo tu desnudez de espuma y de blancura, de llanura sembrada que acaricia el viento.

Amo tu desnudez de montañas rocosas en las que a veces nieva.

Tu desnudez de río caudaloso de agua pura y potable.

Amo tu desnudez de camino que nunca termina, de árbol de ramas infinitas, de campo de espigas que son innumerables.

Tu desnudez de espiga mecida por el viento, tu desnudez de junco a la orilla del río.

Tu desnudez de nube arrebolada, tu desnudez de luna que en la noche se llena y redondea.

Amo tu desnudez como la mía, herida y desgarrada, que cubro con mis besos.

Tu desnudez de sangre que brota en cada poro y enrojece la tierra como un atardecer.

(2)

Tu desnudez de ciervo entre los árboles, tu desnudez de ave migratoria.

Tu desnudez de fiera de la selva y caballo salvaje.

Amo tu desnudez, la sostengo en mis manos, la recorro despacio beso a beso.

La abrazo, la acaricio, la contemplo, amo tu desnudez sobre todas las cosas.

Más aún que a las nubes, más aún que al caballo y al ciervo, más aún que amo al árbol y amo al río.

Amo tu desnudez más aún que a los campos sembrados, más aún que a las viñas cuajadas de racimos.

Amo tu desnudez como si fuera un niño que devora con hambre su merienda.

Amo tu desnudez como si fuera un río en el que nado y bebo, como si fuera un olmo o un almendro.

Como si fuera un ciervo o una cebra, como si fuera un tigre que manso se deja acariciar.

Como si fuera halcón en vuelo o fuera un pequeño jilguero entre mis manos.

(3)

Amo tu desnudez de fiera de la selva, de caballo salvaje que cabalga y relincha.

Tu desnudez bordada de blancura, tu desnudez que es dulce como la miel.

Tierna como cordero que reclama a su madre pues quiere amamantarse.

Amo tu desnudez en esta noche, esta noche de amor en que sé que me amas.

Esta noche de amor en que sé que me amas, te detienes en mí, me clavas tu mirada.

Enjugas mi sudor y mis lágrimas, calmas mis ansiedades, acortas la distancia que a veces nos separa.

Y en abrazo de amor me fundes en tus alas, me envuelves de tu ser y penetras en mí como aliento de vida.

Para darme más vida y llenarme de vida, me vacías de mí y de tu ser me llenas, me haces todo Tú siendo yo mismo.

Mía tu desnudez y mías tu ternura y tu dulzura, mía tu mansedumbre y mías tu bondad y tu misericordia.

Mío cada latido que da tu corazón, mío cada silencio y cada rayo de luz de tu mirada.

Mía cada caricia de tu mano, míos todos tus besos, míos tu pensamientos.

Mía cada mañana y cada mediodía, mío el atardecer y la entrada a la noche.

Míos todos tus sueños en mis sueños, y míos tus deseos como si fueras Tú yo mismo.

Yo mismo en ti como sombra que nunca te abandona, mío yo en ti como gota de sangre o como espuma.

Mío yo en ti como lágrima o dulce licor por tu garganta.

Mío Tú en mí porque me has redimido y conquistado, porque me has seducido y cautivado.

Porque dices mi nombre y con nombrarme me haces tuyo, tan sólo con nombrarme me haces tuyo.

Tan sólo con llamarme me haces tuyo, con tan sólo mirarme me haces tuyo.

Con tan sólo dejarme respirar de tu aliento me haces tuyo.

Con tan sólo dejarme contemplar tu rostro me haces tuyo.

[7]

(1)

Enamorado estoy del mar porque amas el mar, enamorado estoy del cielo porque Tú habitas en el cielo.

Enamorado estoy del árbol, de la espiga, porque habitas también el árbol y la espiga.

Enamorado estoy del viento porque eres del viento y me haces del viento.

Enamorado estoy de cada girasol porque busca tu rostro y Tú los amas.

Amas los girasoles y amas su mirada de corona amarilla.

Enamorado estoy del cielo, enamorado estoy del mar, enamorado estoy del mundo porque habitas el mundo.

Enamorado estoy del río y del curso del río, enamorado estoy de las altas cumbres.

Porque Tú habitas el río y sigues su transcurso, porque Tú habitas en las altas cumbres.

Y las cubres de nieve y las desnudas en cada primavera.

Enamorado estoy del trigo y de la higuera, enamorado estoy del almendro y del olmo, enamorado estoy de su savia y sus hojas.

(2)

Porque Tú los habitas, les haces florecer y provocas sus frutos, y les dotas de savia y de verdor.

Y los meces al viento y dejas que en sus ramas aniden cada año los gorriones.

Enamorado estoy de ti porque sé que me amas, enamorado estoy y aunque Tú no me amaras te amaría.

Porque amo tu frente herida por la espina, porque amo tus manos llagadas pero amables.

Porque amo tus brazos abiertos y clavados, porque amo tu pecho de manantial continuo.

Enamorado estoy de tu frente y sus manchas de sangre coagulada.

Enamorado estoy de tu vientre partido donde reina el silencio.

Enamorado estoy de tus brazos abiertos, de tus manos abiertas dispuestas para el vuelo, enamorado estoy de tu mirada.

Enamorado estoy de los labios de tu boca que quiero humedecer con mi presencia.

Enamorado estoy de tu pecho estrellado que recorro en silencio cada noche.

(3)

Que acaricio en silencio cada noche, que contemplo en silencio cada noche.

Que deseo en silencio cada noche, que exploro en mi silencio cada noche.

En el que me complazco en el silencio de la noche, tu pecho como el mío, tus heridas son mías.

Llagado estoy de ti, llagado estoy de ti porque te amo, llagado estoy y Tú curas mis llagas.

Tu caricia me cura, tu mirada me cura, me cura tu silencio y tu palabra.

Me cura tu deseo de curarme y sanarme, redimirme y salvarme, contemplarme en la noche y hacerme renacer cada mañana.

Con tu sola mirada, con tu sola palabra, con tu sola presencia en mi presencia.

Enamorado estoy en ti, enamorado estoy de ti y te haces presente en mi deseo.

Y con llamarte vienes y me amas, con adorarte vienes y me amas, con alabarte vienes y me amas.

No necesito suplicarte ni rogarte, tan sólo con orarte acudes y me amas.

(4)

A mí te manifiestas como si fueras árbol o palmera, como si fueras nube o fueras trueno.

Como si fueras ola, o marea, horizonte o camino interminable.

A mí te manifiestas como si fueras cauce de río o fueras lluvia, como si fueras canto de ángel o llanto de joven criatura.

A mí te manifiestas como si fueras viento que respiro o pan que devoro cada día.

Como si fueras fiera de la selva o fueras un cordero.

A mí te manifiestas como muchacho sabihondo que ha bajado del cielo y a quien sigo.

A su lado camino hasta llegar muy lejos, hasta subir al monte más alto y más oscuro.

Y al llegar lo iluminas, resplandece de ti porque te transfiguras y alcanzas la blancura más profunda.

La calma más profunda, el sosiego más hondo, la placidez más pura.

Y todo se hace blando y transparente, y todo se hace suave y apacible.

(5)

Porque todo es benigno en tu presencia, porque todo es dulzura y es ternura en tu presencia.

Porque todo es belleza y hermosura en tu presencia.

Enamorado estoy de ti, enamorado estoy porque sé que me amas, y al amarme me endulzas y enterneces.

Y al amarme me haces benigno y apacible, y al amarme blanqueas mi alma y la haces pura.

Y al amarme me salvas de la nada y en ti me transfiguras.

Transfigurado en ti, soy parte tuya, parte de tu ternura es mi ternura, parte de tu dulzura es mi dulzura.

Parte de tu hermosura es mi hermosura, parte de tu blancura es mi blancura.

De tu pureza se hace mi posible pureza, de tu bondad procede mi posible bondad.

Si algo bueno hay en mí de ti procede, eres Tú en mí quien ama y me hace sentir que amo, mas no soy yo quien ama.

Eres Tú en mí, tan sólo Tú eres en mí quien ama y me hace amarte.

y(6)

Y provoca que ame todo lo que te manifiesta, el árbol y la nube, las olas y la espuma de las olas.

La lluvia, la palabra, el canto de los mirlos y los truenos, el silencio, la noche.

Causa el amanecer y el rugido del tigre, la calma de los mares del norte y el frío de los polos.

El silencio y el sueño, el paso de las horas, el cambio de las estaciones meteorológicas.

Provoca el despertar y reúne en el abrevadero a los toros de lidia, siempre ufanos.

Ignora la mentira, pone en marcha la búsqueda de la verdad y el sentido real de cada especie.

Provoca en mí el deseo de alcanzar las alturas, el ansia de subir a los nidos del halcón y del águila.

Eres en mí el silencio de cada atardecer y cada vez que amo no eres sino Tú quien en mí ama.

Porque eres en mí la lluvia y el caudal del río, el trigal y la higuera, el almendro y los campos de girasol.

El canto de los niños y el trote del caballo, acaso la alegría de los muchachos que nadan en la playa.

[8]

(1)

Nado hacia ti en la oscuridad de la noche, vuelo hacia ti en la oscuridad de la noche.

Corro hacia ti, troto hacia ti en la oscuridad de la noche.

Galopo como caballo salvaje hacia ti, siempre hacia ti, en la oscuridad de la noche.

Voy siguiendo tu luz, persigo tu mirada, avanzo como puedo entre las sombras.

Voy corriendo hacia ti, voy volando hacia ti, voy a trote hacia donde Tú estás, iluminándome, lejanamente iluminándome.

Lejos de mí guiándome hacia ti, pero a veces tan cerca, te digo espérame.

Te grito con todas mis fuerzas párate, que ya te alcanzo.

Espérame, que ya no puedo más, se me agotan las fuerzas de seguirte.

Pero me sopla el viento de tu aliento y te persigo, me hundo en el abismo de las aguas y ahí sigo nadando.

Aprovecho corrientes submarinas, extiendo mis alas como velas en cuanto sopla el viento.

(2)

Alcanzo a veces gran velocidad ola tras ola, salto horizontes hacia ti, a veces te distingo.

Reconozco a lo lejos tu rostro entre las nubes, y de un salto me aúpo hasta tus brazos.

Alcanzo tu mirada, llego a los pensamientos de tu frente, me acurruco en la herida de tu pecho.

Lamo la herida que te sangra y casi te la curo, siento tu mano en mí atusándome el pelo y me adormezco.

Cansado estoy en ti de tanto andar, tanto correr, tanto volar y tanto perseguirte.

Menos mal que me has esperado y merece la pena haber venido, haber llegado a ti.

Haber sido capaz de cruzar el desierto, los océanos, para llegar a ti y recostar mi rostro entre tus brazos.

Y sentir tu caricia, y respirar tu aliento, y alimentarme en ti de tu carne y tu sangre, y hacerme tuyo en ti.

Mi carne en ti y mi sangre en ti como otras tantas veces, hambre saciada que enseguida renace y pide más de ti.

Aún más alimento de ti mismo, como una criatura que se amamanta a cada hora.

(3)

He volado hacia ti, he galopado, eres Tú en mí la recompensa.

He llegado hasta ti no por mi fuerza sino por tu presencia, porque Tú me has guiado.

Tú me has alumbrado y esperado, has sabido alumbrarme y esperarme.

Has tenido conmigo la gracia de alumbrarme y de esperarme, de llamarme y saberme.

Has tenido hacia mí la gracia de quererme, la gracia de anhelarme y de esperarme y de resucitarme.

He cruzado la noche para llegar a ti antes de que amanezca, para empezar contigo el nuevo día.

Para iniciar en ti la nueva vida, para saber en ti, para vivir en ti, para nacer en ti.

Para aprender de ti, para alcanzar en ti la inmensidad, para obtener de ti la plenitud.

Para llegar a ti y descansar en ti, y respirar de ti, y gravitar en ti, y recorrer contigo el infinito.

Porque eres Tú la plenitud, Tú eres el saber y eres la inmensidad, eres Tú el renacer y eres la vida.

y(4)

Tú eres la lucha y eres el descanso, Tú eres la respiración y la gravitación universal.

Eres Tú el universo y sus cuerpos celestes, eres Tú las estrellas, que nacen de tu pecho.

Y eres su movimiento y su quietud, su paz y su sabiduría, y en ti alcanzo el saber.

En ti alcanzo la luz, la perfección, alcanzo la unidad de la noche y el día, la unidad de la tarde y del amanecer.

La unidad de tu carne con la mía, de tu sangre en la mía, de tu ser en mi ser porque me amas.

Porque sé que me amas y siento que me amas, en esta noche de amor en que me resucitas y me amas.

Esta noche de amor en que Tú resucitas y me amas.

Esta noche de amor en que penetro en la oquedad profunda que habitabas.

Cuando alcanzo el abismo de donde resucitas, cuando alcanzo la hondura de tus brazos, la cuna de tus manos, y ahí te amo.

Cuando alcanzo la gruta de tu pecho, la magnitud inmensa de tu cuerpo y tu alma, y ahí te amo, y ahí me amas.

[9]

(1)

Resucitas en mí, yo te contemplo, dentro de mí has estado dormido varios días, como muerto.

Y ahora resucitas, esta noche en mi ser Tú resucitas y me miras, me miras y me llamas.

Ante mí como un árbol, como un hombre, despierto como un ángel que ha bajado del cielo a conquistarme.

Resucitas en mí como si antes no estuvieras, germinas de mi ser como si fueras trigo o fueras junco a la orilla de un río.

Esta noche en mi ser resucitas y hablas, de tu silencio emerges, de tu propio silencio, brotas como palabra.

Palabra viva en mí que me llama y me habla, me dice tantas cosas de la vida, me anuncia tantas cosas tras la muerte.

Predica como el trueno y atormenta, y pacifica el alma porque mira, me miras ya despierto.

Nuevamente despierto para hablarme, hablarme y conquistarme, seducirme y amarme.

Resucitado en mí como tigre o pantera, como caballo o trueno, como gato montés que araña mis entrañas.

Las desgarra al salir de mí resucitado, despedaza mi seno, lo ara, hiende mi ser para emerger otra vez vivo.

(2)

Te clavé en una cruz hace ya tiempo, martiricé tu seno y estrangulé tus brazos.

Taladré cada mano con clavos de mis manos, aseguré en tu frente la corona de espinas.

Y te clavé en la cruz y te guardé en mi vientre para siempre, creí que para siempre.

Pero ha llegado al fin la noche en que te amo, ha llegado por fin la noche en que me amas.

Desde dentro de mí me amas, me despiertas, iluminas mi mente y apareces despierto en mí como yo mismo.

Alrededor de mí y frente a mí también, resucitado de mí en esta noche de amor bajo la luna.

Luna llena que alumbra gracias a tu reflejo, y las sombras alarga, imágenes del ser.

Nuestras sombras se unen a la luz de la luna, tu rostro antes oculto ahora se me muestra y me fascina.

Fascinado de ti quedo ante ti como niño asustado, mas no oculto mi rostro entre mis manos, quiero verte.

Te quiero ver entero, vivo y entero en mí, renacido de mí, resurrecto de mí.

(3)

Que has rasgado mis sienes para emerger al aire, has roto las compuertas que en mi ser te encerraban.

Has desgarrado entero mi corazón y, herido antes en mí, dormido o muerto, resucitas y emerges del ocaso de mi vientre.

Emerges como sueño divino de mis sueños, naces de mí y me haces nacer al contemplarte.

Renacer como un niño ante tu ser de nuevo, dentro de mí has estado como muerto y de repente vives.

Te quedas a mi lado, te contemplo y advierto en tu rostro divino la sonrisa.

Sonrisa que es perdón de mis torpezas, sonrisa que es llamada de ternura, sonrisa que es espejo de la mía.

Y al sonreír me miras, y te miro, me hablas y te hablo, me llamas y te llamo.

Me sueñas y te sueño, me encuentras y te encuentro, me abrazas y te abrazo, me besas y te beso.

Me enseñas a volar y de ti aprendo, a volar y a nadar, a contar nubes y olas.

A saltar como atleta de un horizonte a otro, porque esta noche en mí Tú has resucitado y me has resucitado.

(4)

Esta noche de amor me has enseñado a amar y me has amado, me has dado tanto amor que ahora reboso.

Y me derramo como caudal de río en la tormenta, me derramo de ti porque has amado mi ser en esta noche bajo la luna llena.

Esta noche a la orilla del río caudaloso, esta noche a la sombra alargada de los álamos.

Me has amado esta noche como si fuera un niño o un cordero, como si fuera un potro o un muchacho.

Me has amado esta noche, abrazado a tu pecho, haciéndome sentir tus heridas curadas.

Me has dejado besarlas y curarlas, has besado y curado las mías con tus labios.

Tan solo con decir una palabra, susurrada en mi oído mientras me acariciabas.

Esta noche por fin me resucitas porque Tú resucitas y vuelves a la vida.

Y me dejas en ella en tu presencia para siempre, siempre tu ser en mí, alrededor de mí y dentro de mí.

Aliento en mí que de tu aliento sopla, sangre que de tu sangre bebo en pleno gozo.

y(5)

Deleite que me llega de tu propio deleite, semilla en mí de ti que mi vientre fecunda.

Palabra tuya en mí que ilumina mi frente, palabra tuya en mí que yo pronuncio.

Resurrección en mí, resurrección en mí de tu resurrección.

Que he nacido de ti para sembrar la tierra de tus propias espigas.

Para poblar el mar de peces y de algas, para llenar el cielo de nubes y de estrellas.

Segadas de tu pecho con la hoz de mis labios, guardadas en el cielo que hay en mi paladar.

He nacido de ti para saltar al cielo y alcanzarte, he nacido de ti para esperarte.

He nacido de ti para llamarte por tu nombre, para gritar tu nombre, para aullarlo en la noche y en el día.

He nacido de ti para arrojarme al fondo del océano y buscarte.

Para volar de un horizonte a otro y encontrarte, y regresar a ti después de tanta vida para amarte.

[10]

(1)

Gozo de ti como si fuera un ángel, gozo de ti como toda la tierra.

Gozo de ti porque me amas, gozo de ti porque vuelo a tu lado.

Gozo de ti porque miro tus ojos, gozo de ti porque escucho en tu silencio.

Gozo de ti porque me guardas en tus alas, gozo de ti porque me amas.

Gozo de ti como si fuera un ángel, gozo de ti como toda la tierra al contemplarte y sostenerte.

Gozo de ti como si fuera nube o fuera trueno, gozo de ti como si fuera el cielo entero abriéndose a tu paso.

Gozo de ti porque penetras en mi ser como espíritu puro que me llena y me eleva.

Gozo de ti, gozo de ti, gozo de ti porque sé que me amas.

Gozo de ti porque siembras mi vientre como si fuera un valle caluroso y fecundo.

Gozo de ti porque soy como un niño a quien proteges, gozo de ti porque soy un cordero que perdiste y encuentras.

(2)

Gozo de ti porque subo a tus hombros y desde allí contemplo lo creado.

Contemplo las cascadas de los ríos precipitándose al abismo.

Contemplo las orillas del mar, los horizontes, contemplo la amplitud de las desembocaduras.

Los deltas prodigiosos, la ordenación de los archipiélagos, el dibujo lineal de las estrellas.

Contemplo cada brote de mies, cada florecimiento, contemplo el renacer de las espigas.

El crecimiento de los árboles, el leve balanceo que ejercen los helechos.

Gozo de ti porque sé que me amas, gozo de ti porque soy como un ángel o una nube.

Gozo de ti porque me llevas en ti al ritmo de tu pecho y escucho los latidos que da tu corazón.

Gozo de ti porque ahora sé cómo curar la herida que aún tienes abierta, gozo de ti porque Tú curas mis heridas.

Gozo de ti porque mi mano busca la tuya y la descubre cálida como el amanecer.

(3)

Abierta como el cielo, dispuesta a la caricia como una criatura.

Gozo de ti como si fuera un ángel, como si fuera un niño, como si fuera un potro recién nacido y torpe.

Como si fuera un fruto cargado de dulzura, gozo de ti, de tu dulzura.

Gozo de tu dulzura y tu ternura, gozo de tu hermosura de luna llena y viento.

Gozo de tu hermosura de oleaje encrespado, gozo de tu hermosura de despertar por el canto de los mirlos.

Gozo de ti cada vez que me amas, gozo tanto de ti porque sé que te amo.

Como si fuera un niño o una nube, como si fuera un mirlo o una higuera.

Como si fuera almendro o cachorro de lobo que aúlla sorprendido.

Me sorprende tu voz susurrando mi nombre, me sorprende tu mano recorriendo mi pecho, más suave que la luz de tu mirada.

Me sorprende tu boca que se acerca en el beso, me sorprende tu abrazo que junto a ti me oprime y me hace tuyo.

(4)

Me sorprende tu amor que me desgarra y me evapora, me licua
y me evapora, me hace etéreo.

Me hace quintaesencia de ti mismo, pues me comes, me bebes,
me respiras.

Me introduces en ti cada vez que me amas, entro en ti y te
recorro como si fuera de tu misma sangre.

Sangre soy en tu sangre, carne soy en tu carne, mirada en tu
mirada.

Silencio en tu silencio, palabra en tu palabra, soy espiga que
crece de tus manos.

Soy girasol que descubre tus ojos, sombra soy de tu árbol que
no se aparta nunca de sus ramas.

Hoja que crece en ti, o acaso fruto que tan solo de ti madura en
primavera.

Pleno gozo de ti en abisal deleite bajo el agua, gozo de ti como
el pez o la orca.

Como el delfín o el caballito de mar entre las algas, dentro a
veces de ti, o dentro Tú de mí como estrella o silencio.

Gozo de ti como si fuera un ángel, contemplando tu rostro,
contemplando tus manos y tus brazos.

y(5)

Contemplando tu frente, contemplando tus hombros y tu boca.

Saltando voy del cielo a la llanura, del océano salto hasta el
desierto, de las olas del mar hasta las dunas.

De las dunas al viento, del viento al horizonte, del
horizonte al trueno y a la nube, de la nube al relámpago.

Del relámpago salto a la montaña, de la montaña salto al
abismo del mar.

Allí me quedo un rato y luego salto, vuelvo a saltar y
emerjo a superficie y te respiro.

De tu aliento respiro y recobro energías para seguir amándote, y mientras Tú me amas.

Y mientras Tú me amas soy sueño de tus sueños, adormecido en ti como un recién nacido.

Alumbrado de ti noche tras noche, brotado de tu ser en cada noche.

Renacido de ti en esta noche, resucitado en ti en esta noche.

Sanado, florecido, redivivo y amado en esta noche en que Tú has resucitado.

[11]

(1)

Me devora tu amor, me bebe, me digiere, me hace tuyo tu amor y me convierte en árbol.

Y me convierte en nube, y me convierte en lluvia, y me convierte en ola de mar y en oleaje.

Y me convierte en ave que vuela por el cielo hasta su nido, y me convierte en nido entre tus ramas.

Y hace de mí una cebra perdida en el ramaje de la selva.

Y me convierto en tigre, y rujo cada noche al añorarte.

Y me convierte en lobo que aúlla cada noche, y hace de mí una espiga mecida por el viento.

Y me convierte en sal que se derrite al verte, y me convierte en sueño o en balido de cordero perdido.

Me devora tu amor, me bebes y me haces de ti como si fuera lluvia, como si fuera nube.

Como si fuera grito de amor o fuera aullido, como si fuera un caballo salvaje o un halcón acechando su presa.

Haces de mí grito de amor en tu garganta, haces de mí palabra de amor, haces promesa.

(2)

Alianza que ahora cumples con amarme, me amas, me devoras, me adentras en tu ser.

Para que goce en ti como si fuera luz o fuera hombre.

Como si fuera trueno o fuera canto de ángel que te alaba.

Me devora tu amor y me haces ángel alado entre tus brazos, me enseñas a volar, a recorrerte en vuelo.

Me enseñas a anidar en tus ramas de amor y a contemplar tu rostro de luna cada noche.

Me devora tu amor como si fuera pan recién cocido.

Como si fuera nube de azúcar o alimento que sacia multitudes.

Estoy entre tus manos, me sostienen tus fauces, con tus zarpas de amor me arañas, me desgarras.

Descuartizas mi ser y me devoras, ánima soy en ti, espíritu en tu espíritu.

Mi carne devorada se ha hecho tuya y sólo soy en ti aliento respirado que guardas en tu pecho.

(3)

Solamente soy alma conjunta con tu alma, carne soy de tu carne, ya no mía.

Sangre soy de tu sangre que por mí no circula sino en ti, tan solamente en ti.

Aunque sea yo mismo, siga siendo yo mismo devorado y consciente, plenamente consciente de mi ser en tu ser.

Y de tu ser en mí, en lo más dentro de mí mismo, devorado esta vez por mi boca de amor, mi mordedura.

Que no hiere ni causa más dolor, que no maltrata, tan sólo sabe amar como Tú amas.

Devorar igual que Tú devoras, abrasar igual que ardes y abrasas.

Arder como Tú ardes hasta agotar el agua del océano, y ser todo desierto.

Duna, arena, que riegas con tu amor y conviertes en selva nuevamente.

Eres lluvia de amor que riega los sembrados y los bosques.

Que perfuma la tierra con tu aroma de luz y de arco iris, envuelve en luz y en viento los planetas.

y(4)

Les hace circular sin alterar su órbita, les sostiene en sus manos y acaricia al pasar toda su superficie.

Hecho planeta en ti giro feliz alrededor de tus costados, me elevo hasta tu cuello y lo rodeo.

Rodeo tu cabeza sin dejar de girar alrededor de ti, pasando por tu frente y por tus ojos.

Observando de cerca las marcas que han dejado las espinas.

Desciendo hasta tus hombros y aterrizo en tu pecho, pero enseguida emprendo mi órbita hasta el cielo y lo penetro.

Y sigo sin parar el recorrido hasta alcanzar el punto donde todo comienza.

Donde todo comienza, donde termina todo, el origen y el fin de ti mismo en mí mismo, de mí mismo en ti mismo.

Raíces en la tierra, alas de envergadura inmensa en las alturas, cielo y tierra en el agua del mar que lo contiene todo.

A nado por las olas igual que dos muchachos hasta alcanzar la isla de los sueños.

Y descansar allí porque es allí, exactamente allí donde comienza el Reino de los cielos.

[12]

(1)

Esta noche me amas como si fuera un niño al que acabas de nacer.

Me amas como si fuera un ángel o un muchacho, me acoges en tus brazos.

Como si fueras rama donde anida el jilguero, o donde anida el mirlo que canta en la mañana.

Me amas esta noche como si fuera el mirlo o el jilguero.

Como si fuera el ave migratoria que regresa en invierno.

Me amas esta noche como si fuera el viento que respiras.

Como si fuera el pan que devoras hambriento.

Como si fuera nube de algodón o manantial de miel que brota de mi vientre.

Esta noche me amas y respondo a tu amor con rugido de fiera.

Con trueno de tormenta, con marino oleaje embravecido.

(2)

Me amas y respondo a tu amor con mi amor apasionado, enamorado estoy de tu rostro y tus alas.

Enamorado estoy de tu boca y tus ojos, de tu frente y tu pecho, de tu vientre y tus hombros que sostienen el mundo.

Enamorado estoy del mundo que has creado porque te manifiesta, en toda su bondad.

En toda su armonía, en toda su belleza cada vez que amanece, cada vez que se alcanza el mediodía.

Cada vez que al caer de la tarde me buscas para amarme, me encuentras y me amas.

Esta noche me amas como si fuera un niño, como si fuera un ángel.

Como si fuera espiga que acaba de brotar fuera del surco.

Como si fuera el girasol que busca tu mirada.

Y yo me dejo amar y me arrullo en tus brazos, y en tu pecho recuesto mi rostro y me acaricias.

Y escucho el palpitar de tu sangre y tu carne, silba tu aliento en mí, me alumbra tu mirada.

(3)

Me hace saltar del sueño en el que estaba, y al despertar comprendo que me amas.

Definitivamente entiendo que me amas, y comprendo tu amor y me doy cuenta de la gracia de ser como Tú eres.

De la gracia de haberte encontrado y seguido, y haberte perseguido hasta encontrarte.

Andando cada día, orando cada noche, esperando a la luz del mediodía.

Cabalgando al caer de la tarde, sabiendo que no es tarde para amarte, aunque sea de noche.

Me amas cada noche y sobre todo me sostienes en ti, me mantienes despierto, me iluminas y atiendes mis deseos.

Eres dueño de mí, me hago tu esclavo, danzo ante ti si Tú quieres que dance.

Toco con mi sofar melodías que sé que te complacen.

Salto como la garza si Tú quieres que salte.

Troto como el caballo si Tú quieres que trote, trino como los mirlos si Tú quieres que trine.

(4)

Y vuelo a las alturas cuando quieres que vuele, y regreso a tu lado pues pides que regrese.

Y me quedo callado cuando quieres que calle, y canto mis canciones cuando Tú me lo pides.

Porque soy de tu ser, porque soy de tu amor y respondo a tu amor con mi ser no perfecto.

Semejante a tu ser, que sólo en tu presencia se completa y madura.

Me amas esta noche como si fuera un niño al que acabas de nacer, de dar la vida.

A quien haces crecer y ser muchacho, a quien riegas de amor y vuelves hombre.

A quien sigues amando después de tanto tiempo, me amas esta noche de amor y de regreso.

De retorno a la vida después de tanto sueño, de regreso a la vida y de florecimiento.

Me haces florecer con tu presencia, me haces florecer como si fuera almendro antes dormido.

Me haces florecer con cada beso que mi frente recibe de tu boca, me haces florecer con tus caricias.

y(5)

Me haces florecer como si fuera un campo sembrado o una higuera cuajada de alimento.

Me haces florecer y crecer en tu ser, metido en ti, acogido en tus brazos, protegido en tus alas.

Aliento tuyo en mí que de tu boca llega como soplo de amor para animarme, hacerme alma de ti.

Carne también de ti porque me amas, me amas esta noche como si fuera un niño o un muchacho.

Como si fuera un tigre o una cebra salvaje, como si fuera un pez que salta de las aguas y respira.

Delfín enamorado que te busca y te encuentra en cada ola, te bebe en cada espuma.

Y al llegar a la orilla te seduce y te ama, te declara su amor y Tú respondes.

En silencio respondes ámame cuanto quieras, ámame cuanto puedas, ámame más aún y con todas tus fuerzas.

Ámame con tu alma y con tu corazón, que yo responderé con más amor aún, con más deseo.

Con más hambre de ti, con más ansia y anhelo, con toda mi pasión para llevarte al Reino de los cielos.

[13]

(1)

Y me postro a tus pies para que me bendigas, me postro a los pies para que Tú me ames y bendigas.

Para que con mirarme me bendigas, para que con tenerme ante ti sigas amándome.

Y tus manos se acerquen a mi rostro, y tus brazos me acojan y me eleven.

Para que tu mirada busque mi mirada, para que pueda una vez más mirar tu rostro y adorarte.

Postrado ante tus pies recuerdo el día en que te conocí siendo muy niño, desde entonces te amé sin darme cuenta.

Y aunque luego olvidé que Tú me amabas, yo seguí recordando tu nombre a todas horas.

Y postrado a tus pies busco tu mano, y postrado a tus pies contemplo tus heridas.

Y siento en mi interior el dolor que te causan, y siento que mi pecho se comprime y que apenas respiro.

Olvido el respirar y Tú me invitas a proseguir la vida.

Acaricias mi frente de nuevo y tu mirada se cruza con la mía y me sonríes.

(2)

Y elevado a la altura de tus hombros me acoges en tu seno en un abrazo.

Fundido en ti me siento bendecido, acogido y amado inmerecidamente.

Dueño eres de mí, a ti me entrego, tuyo soy para siempre desde ahora.

Protégeme en tus alas envuelto como un niño, que me he acercado a ti para mirarte.

Me he acercado a tus pies para besarlos y aliviarlos.

Me he acercado a tu vientre para contar sus dunas.

Me he acercado a tu pecho para reconocerme en sus estrellas.

Me he acercado a tus hombros para sentirme protegido.

Me he acercado a tu rostro para reconocerte y en tus ojos me he visto reflejado en ti mismo.

Me he acercado a tu boca para obtener su beso y su palabra.

(3)

He puesto mi cabeza lo más cerca posible del latido que da tu corazón.

Para latir con él y sentir sus latidos en mi cuerpo y mi alma, alma tuya que en mí has depositado.

Postrado ante tus pies, aupado y abrazado me bendices, me acoges en tu seno y me proteges.

Me resguardas del frío, me alimentas con la miel de tus labios y ese licor que mana de tu pecho.

Agua me das para beber de ti, que voy sediento, caudal eres de un río que nunca desemboca.

Manantial infinito que cede la pureza, me limpia, me otorga resplandor.

Me ilumina por dentro como luz y me hace amanecer en ti porque me has bendecido.

Postrado ante tus pies me has bendecido, me has mostrado tu amor.

Me has dicho ven, quiero besar tu frente, quiero enjugar tus lágrimas, quiero darte la luz para que veas.

Iluminar tu rostro como si fuera el mío, sanarte esas heridas que parecen las mías.

y(4)

Curarte para siempre y tenerte a mi lado, y poderte mirar cuando yo quiera.

Y poderte abrazar cuando yo quiera, y poderte escuchar cuando me hables.

Y poderte llamar para que vengas, y poderte besar cada vez que me mires y sonrías.

Qué sueño tan hermoso, qué delirio, sigo ante ti postrado, lastimado y rendido.

Y a tus pies me bendices, me nombras, me consagras, y siento que me amas.

Y mis lágrimas brotan de repente como si fueran llaga de tu pecho.

Y de repente siento la caricia de tu mano, y acercándote a mí elevas mi cabeza para mirar mi rostro.

Me miras, me sonríes, se cruza mi mirada húmeda con la tuya.

Y con tu misma mano me limpias y no queda dolor, ni pena, ni nostalgia.

Ahora es todo luz, es un rayo de luz lo que antes eran lágrimas.

[14]

(1)

Y gozo tanto en ti que mi pecho se llena de lluvia y de esperanza.

Y gozo tanto en ti que mi frente se cubre de nieve y de blancura.

Gozo tanto en tu ser que me lleno de arena de las dunas lejanas.

Me lleno de las piedras del río y me dejo arrastrar por la corriente.

Gozo tanto en tu ser que me despierto en ti como si fuera el comienzo del mundo y el origen del tiempo.

Y gozo tanto en ti que mi boca es corona de girasol o manojo de rojas amapolas.

Gozo tanto en tu ser que me convierto en ángel de la guarda.

Gozo tanto en tu ser que me convierto en árbol de la vida.

Gozo tanto en tu ser que me convierto en viento que penetra en tu pecho.

Y te llena de mí, y alcanza tus entrañas y las besa.

(2)

Y gozo tanto en ti que me derrito como lava en volcán y prendo el fuego.

Gozo tanto en tu ser que mi ser es tu ser y Tú me acoges como aliento o licor que emana de mí mismo.

Y desemboca en ti para llenar tu abismo de deleite.

Gozo tanto en tu ser que vuelo como ave migratoria y cruzo continentes y me bebo el océano.

Y saltando horizontes alcanzo las llanuras más lejanas, los desiertos más puros que hay en tu anatomía.

Y permanezco en ellos porque a ti te complace, y me hago de ti porque a ti te complace.

Me detengo en tus ojos porque a ti te complace, me detengo en tu boca porque a ti te complace.

Me detengo en tu cuello y recorro tus hombros porque a ti te complace.

Me detengo en tu pecho y bebo de sus fuentes inagotables como el tiempo porque a ti te complace.

Y abrazo tus costados porque a ti te complace, y siembro las praderas de tu vientre porque a ti te complace.

(3)

Y a besos te devoro porque a ti te complace, y tanto amor me das que me lleno de lluvia y de esperanza.

Y tanto amor me das que me lleno del agua del río como cauce antes seco.

Y tanto amor me das que se me quita el hambre de comer otra cosa que no sea del pan que Tú me ofreces.

De beber otra cosa que no sea el licor que tu pecho me ofrece.

Hambre insaciable en mí del amor que has sembrado en mi interior.

Vacío antes de ti, ahora lleno de ti, pero aún llenándose.

Tanto amor has sembrado en mis entrañas, tanto amor has plantado en mis llanuras.

Tanto amor que germina con tan sólo mirarme, con tan sólo abrazarme.

Tanto gozo en tu ser que me lleno de ti como si fueras lluvia o fueras trueno.

Como si fueras árbol o fueras una espiga, como si fueras tiempo detenido o hermosura del cielo que amanece.

(4)

Tanto gozo en tu ser que en esta noche pura que me has dado resucito en tu vientre.

Resucito en tu pecho, resucito en tu cuello y en tus hombros.

Resucito en tus alas y refugiado en ti alcanzo el mayor gozo, el de mirarte.

Reflejarme en tu rostro, enumerar las huellas que dejaron en ti las espinas, los clavos, el látigo feroz cuando te flagelaron.

Y al besarlas mi gozo se hace tuyo porque sientes mi amor y mi delicadeza, mi ternura al curarte, mi devoción, mi entrega.

Me entrego a tus heridas con el beso más dulce, cauterizo tus llagas con algodón de azúcar.

Extirpo con mis dientes cada púa que aún pueda dolerte.

Lamo cada gota de sangre que aún pueda manar de tu piel de muchacho.

Calmo con mis caricias tu permanente angustia y la hago mía, y la oculto y la olvido.

Y gozo tanto en ti que me lleno de ti como si fueras lluvia, como si fueras agua del río o fueras viento.

(5)

Como si fueras estrella o vía láctea, como si fueras luna creciente o tronco de una higuera milenaria.

Gozo tanto en tu ser que me hago árbol y doy frutos, gozo tanto en tu ser que me hago campo de espigas y doy frutos.

Gozo tanto en tu ser que me hago del océano y me pueblan especies legendarias.

Gozo tanto en tu ser que apenas me distingo de ti mismo.

Tanto me haces gozar que se llena de lluvia mi pecho y no de viento.

Tanto me haces gozar que mi vientre es un mar de densidad salina incalculable.

Tanto me haces gozar que en mí crece la luna hasta alcanzar el estallido y ser lluvia de estrellas.

Pero siempre girando alrededor de ti, que eres su eje, eje que en mí se clava y me sostiene.

Pues me sostengo en ti, me sostengo en tu frente y en tus ojos, me sostengo en los labios de tu boca.

Me sostengo en tu pecho y en tus brazos, me sostengo en tus alas para mayor deleite.

y(6)

Y gozo tanto en ti que mis latidos marcan el ritmo de las constelaciones.

Inician y dirigen el movimiento de los astros.

Controlan la circulación de los planetas.

Hacen nacer a las nuevas estrellas.

Lato como Tú lates del gozo de tenerte y ser tenido, al calor de tus alas, en la dulzura de tu boca.

En la ternura de tus manos y de tu mirada, en la hermosura de tu rostro ahora feliz como niño que duerme alimentado.

Lato como Tú lates, late mi corazón como si fuera el tuyo.

En el deleite de tenerte y de mirarte, en el deleite de contemplarte y adorarte.

En el deleite de tu silencio y tu presencia, en el deleite de tu gracia que sobre mí derramas.

Y me llenas de amor, me llenas de tu amor, me llenas de tu amor y de esperanza.

[15]

(1)

Esta es la noche de tu amor en mi amor, de mi amor en tu amor.

Esta es la noche de tu mano en mi mano, de tu mirada puesta en mi mirada.

Esta es la noche en que te miro y contemplo tu rostro, en que veo tus ojos, en que cuento tus lágrimas.

Esta es la noche que en mi interior aumentas de tamaño y me ocupas completo.

La noche en que rebosas de mí mismo y te derramas como si fueras río o fueras ola que me alcanza y me ahoga.

Esta es la noche en que tu ser se hace mío, en que mi ser es tuyo y me consumes.

Me unes a ti mismo como si fuera aire o fuera el agua que te bebes.

O fuera yo una nube que te envuelve y en ella me respiras.

Esta es la noche de la lluvia en la arena, de la lluvia en la duna.

De la lluvia en la espiga, de la lluvia en la piedra del camino.

(2)

Esta es la noche de tu frente curada y sin heridas, de tu mirada hecha amanecer.

Esta es la noche en que tu cuerpo crece como si fuera luna en su cuarto creciente.

En que soy un satélite que gira a tu alrededor o soy una estrella brotada de tu pecho.

Esta es la noche de tu amor en mi amor, de mi amor en el agua y en el fuego, de mi amor en el fuego y en la arena.

De mi amor en la arena y en la piedra, de mi amor en la piedra y en el árbol.

De mi amor en el árbol y en la nube, de mi amor en la nube y en el trueno.

De mi amor en el trueno y en el mediodía, de mi amor en el mediodía y en el ocaso de la tarde.

De mi amor en la tarde y en la noche, de mi amor en la noche cuando Tú resucitas.

Y vivo te presentas ante mí y me despiertas, y al despertar te miro, te contemplo.

Sorprendido ante ti quedo postrado y Tú sonríes, de nuevo estoy contigo, me susurras.

(3)

De nuevo aquí me tienes, creo escucharte, y abrumado ante ti no me atrevo a mirarte.

Y al subir mi mirada veo tus pies llagados y tus manos.

Y al subir mi mirada veo tu vientre palpitante.

Y al subir mi mirada veo tu pecho y cuento sus estrellas.

Y me encuentro de nuevo ante la herida abierta que rezuma tu sangre y tu agua purísima.

Y asciende mi mirada hasta tu rostro y eres Tú, te reconozco, eres Tú como antes y distinto de antes, eres Tú.

Esa frente es tu frente, esa boca es tu boca, sus labios son tus labios, sus ojos son tus ojos, y me miran.

Me miras y sonríes y al extender tu mano la mía es atraída y las juntamos.

Otra vez las juntamos como si fueran una, y al mirarme tus ojos se unen a los míos.

Y mis costados son de tus costados, y la herida en tu pecho se hace mía.

(4)

Y tus brazos ahora son mis brazos, y tus llagas mis llagas.

Y mi pecho respira de tu pecho y tu aliento es mi aliento.

Tus lágrimas mis lágrimas, mis sueños se hacen de tus sueños.

Lloro de amor por ti, sueño de amor por ti, y la noche se hace de mis sueños.

Y la noche transcurre en el anhelo de quedarme a tu lado para siempre, de quedarme a tu lado para siempre.

Esta es la noche de tu amor en mi amor, de mi amor en tu amor.

Esta es la noche de tu mano en mi mano, de tu mirada puesta en mi mirada.

Esta es la noche en que te miro y contemplo tu rostro, en que veo tus ojos, en que cuento tus lágrimas.

Esta es la noche que en mi interior aumentas de tamaño y me ocupas completo.

Y mi pecho respira de tu pecho y tu aliento es mi aliento, tus lágrimas mis lágrimas, mis sueños se hacen de tus sueños.

y(5)

Lloro de amor por ti, sueño de amor por ti, y la noche se hace de mis sueños.

Y mis sueños se hacen de oleaje, de lágrimas, de arena, arena derramada como un llanto.

Y mi llanto se convierte en un río, y el río es un meandro que me lleva a tus ojos.

Y tus ojos son fuente de luz y la luz es la misma que emerge de tu pecho, y tu pecho es el cielo.

El cielo es una lluvia de amor que me rocía, y la lluvia se hace de blancura y espuma.

Y la espuma es la duna del desierto, y el desierto es tu vientre herido, es una llaga.

Y la llaga una púa de corona de espinas, y las espinan trinan como las golondrinas.

Que lloran como yo, de amor y de esperanza cada noche, cada noche de amor, cada noche en tu amor.

La noche que transcurre en el anhelo de quedarme a tu lado para siempre.

Anhelo de tu amor en mi amor, el de quedarme a tu lado para siempre.

y [16]

(1)

A tu lado y mi rostro recostado en tu pecho, y en tu pecho mis manos y en tu pecho mi pecho respirando.

Y tu aliento en mi aliento y tu olor en mi olor y el sabor de tu boca el mismo que en mi boca.

Atada tu mirada a mi mirada, mis ojos prendados en tus ojos, alumbrándome.

Resucitado en ti porque has resucitado, porque vives en mí y de nuevo me dotas de tu vida.

Con tan solo tocarme, con tan solo mirarme, con tan solo sentirme a tu lado como si fuera ése a quien Tú amas.

Porque soy a quien amas y mi rostro se reclina en tu pecho y se mira en tu rostro.

Y mis ojos se miran en tus ojos y tu aire entra en mí como espíritu puro que me concede el bien.

Me llena de bondad, hace de mí una rama florecida, me enseña a pronunciar palabras de tu boca.

Palabras como estrellas, estrellas como olas, olas como horizontes.

Horizontes en ti que acarician mis manos, recorriéndote, a tu lado en el vuelo.

(2)

Sostenido en tus alas, acogido en tus alas, protegido, elevado a la altura del nido de las águilas.

Halcón en ti y por ti, ave que amas como a ninguna otra, adiestrada por ti para alcanzar la caza.

Y volver a tu brazo, tan feliz recompensa, en ti, a tu lado y en ti, mi rostro recostado en tu pecho.

Tu pecho respirando como el mío, llenándome de ti tu espíritu, tu aliento, que brota de tu boca y se acerca a la mía.

Entra por mi garganta y me recorre, me hiere, me desgarra, herido quedo en ti para que Tú me sanes.

Me salves de las aguas tenebrosas, me extraigas otra vez de las entrañas de la tierra.

Ese núcleo de fuego donde estaba perdido, buscándote en las llamas hasta que di contigo, porque Tú mismo me buscabas.

De llama en llama fuimos emergiendo a la luz de tu Reino infinito, en donde moras redivivo.

De llama en llama a ti que eres el fuego verdadero, que abrasa mas no quema, derrite y evapora.

Y derretido en ti me bebes, y evaporado me respiras, y derretido en mí te ingiero y te respiro.

(3)

Como si fueras lluvia y fueras viento, agua eres en mí, aliento en mí.

Respiro de tu pecho lo más cerca posible de tu boca.

Oigo cómo respiras y escucho el palpitar interminable que da tu corazón.

Que me hace latir, metido en mí, atravesando mis costados.

Rasgados para ti como si en mí se hendiera la llaga que te abrieron.

Esa que nunca deja de manar agua y sangre para resucitarme, esta noche de amor en que Tú resucitas.

Esta noche de amor en que mi rostro se reclina en tu pecho, protegido en tu brazo.

Que rodea mis hombros para que no me vaya nunca de tu lado, que rodea mis hombros para darme más vida.

Para darme aún más vida, como si fuera un árbol o una estrella, como si fuera un río de caudal abundante.

Como si fuera un campo de espigas y amapolas, como si fuera nube o girasol abierto a tu mirada.

(4)

Como si fuera higuera que de repente brota y da su fruto, como si fuera viña cuajada de racimos que despacio maduran.

Como si fuera un ciervo que acaba de nacer y se amamanta, como si fuera luna que crece hasta llenarse.

Como si fuera el viento o fuera un meteorito que cae sobre la tierra.

Como si fuera el lobo que le aúlla a la luna, como si fuera un árbol o un delfín bajo el agua.

Como si fuera un tiburón o una ballena, como si fuera campo de algas submarino.

Como si fuera un barco de vela que Tú soplas, como si fuera el mismo soplo de tu boca.

O fuera tu palabra nacida en tu garganta, o fuera el manantial de donde bebes.

O fuera de la sangre de tus venas, o fuera la caricia que te sorprende y te complace.

Como si fuera un gozo inesperado, tremendo, alucinante, como final de invierno o deleite de amor.

Como si fuera almendro florecido o nido de jilguero entre tus ramas, así me guardas Tú.

y(5)

Protegido en tus brazos y en tus alas, así me das la vida de tu vida.

Pasión de tu pasión, bondad de tu bondad, amor que de tu amor procede.

Gracia de ti en mí que me dota de tu conocimiento, algún saber de ti para reconocerte.

Algún saber de ti para poder buscarte y encontrarte, algún saber de ti para adorarte y para amarte.

Algún saber de ti para acercarme a ti, poder ir a tu lado, quedarme quieto ahí.

Lo más cerca posible, hasta posar mi rostro en tu costado y escuchar tu latido.

Y respirar al ritmo de tu respiración, y sentir que tu brazo me rodea los hombros y me guarda en tu seno.

Me resguarda en tus alas, y me quedo dormido en tu calor, dormido en tu calor.

Cuidado, protegido, alimentado de ti mismo, y Tú duermes conmigo.

Resucitado en mí, tu cabeza en mi hombro, Tú también te has dormido.

2ª parte
ÉL DORMÍA

Se produjo una tempestad tan fuerte, que la barca desaparecía entre las olas; él dormía.

(Mt 8, 24)

[17]

(1)

Y mientras duermes recorro los desiertos del mundo y cuento mota a mota la arena que contienen.

Y recorro las venas del agua de la tierra, enumero las nubes que recubren el cielo.

Provoco el oleaje para mecer tu sueño sobre la superficie marina en que te encuentras.

Mientras Tú duermes recorro y acaricio el horizonte, los límites del viento que origina mi pecho, como si fuera el tuyo.

Mientras Tú duermes el núcleo de la tierra solidifica el fuego de la vida.

Da calor al planeta y le hace girar como peonza o niño que danza por la playa.

Y proyecta en la húmeda arena su alegría, mientras Tú duermes, mientras Tú duermes.

En la espuma del agua la blancura, en el cielo la lluvia, el arco iris.

En el árbol el nido, los polluelos hambrientos, adonde el gorrión regresa a cada instante.

Mientras duermes recorro tus estrellas y enciendo sus rayos para ver dónde estoy.

(2)

Y me encuentro en el borde de tu respiración, y respiro contigo y contemplo tu sueño.

Y el sueño es una lluvia de amor sobre el sembrado de espigas y amapolas.

Y la lluvia es el llanto de las aves en vuelo, y el vuelo de las aves es un río caudaloso y cercano.

Que casi nos inunda y nos despierta, porque duermo contigo en mi silencio.

Mi silencio de amor como la lluvia, mi silencio de amor como la espiga o la amapola.

Mi silencio de amor para guardar tu sueño, mientras duermes la noche nos arropa.

Callan las golondrinas para no despertarte, mis manos analizan la corteza terrestre.

Encuentran las montañas y los valles, recrean cordilleras y fundan manantiales.

Marcan el recorrido de las cuencas fluviales, detienen huracanes, impiden terremotos.

Silencian la erupción de volcanes y géiseres, hierven en cuanto pueden los océanos.

(3)

Mis manos se acostumbran a las tuyas, heridas como el árbol que paraliza el rayo en la tormenta.

Duermes mientras la lluvia cae sobre las olas y hace espuma.

Duermes mientras la nube se transforma en caballo y asustado relincha.

Duermes mientras el lobo que le aullaba a la luna se ha callado y se esconde, vuelve a su madriguera.

Duermes mientras contemplo tu sueño en los helechos del bosque donde estamos, viendo crecer el junco y cimbrearse.

Y mientras duermes sueño, forjo castillos en el aire, cuento nubes y estrellas, brinco sobre las olas.

Limito el poderío de las aguas marinas, detengo el hundimiento de fosas y espeluncas.

Contemplo tu dormir y respiro contigo, y Tú apenas te mueves, y Tú apenas respiras.

Y aprovecha tu sueño la tormenta y se declara.

Y al tronar se detiene mi corazón y se me acaba el aire.

(4)

Y la quietud se torna movimiento, se rasgan los cimientos del círculo polar.

Se difuminan las líneas de los paralelos y de los meridianos.

Los habitantes de la selva despiertan enfadados y rugen los leones y los tigres.

Y asoman su hocico los lemures con su cola anillada, mientras duermes contemplo tu rostro apaciguado.

Mientras duermes recorro con mis ojos la línea curvada de tus hombros.

Imagino la fuerza de tus brazos, me acuerdo de la envergadura de tus alas.

Quisiera despertarte para verte volar como águila o ángel, para verte trotar como el onagro.

Para verte cabalgar como el caballo, para verte correr como la liebre.

Esconderte en las ramas como el ciervo, envestir como el toro de lidia ante el peligro.

Despertarte y saber que tu bostezo alerta a todas las criaturas que te aman.

y(5)

Te ama el cocodrilo y te aman las cebras, te ama el leopardo y te aman las crías del puma americano.

Te aman los vencejos en el cielo, los saltamontes del desierto, las abejas.

Te aman las cigüeñas que regresan y hasta las golondrinas quisieran despertarte para decirte que te aman.

Mientras duermes recorro los desiertos del mundo, enumero sus dunas.

Pongo nombre a los seres vivientes que ahí habitan.

Cuento cada minuto y cada mota de arena, cada piedra.

Modifico sus formas mientras duermes.

Me entretengo en lanzar al agua cada pétalo desprendido del árbol de la vida.

Cada hoja de higuera caída en el verano, cada hoja de olivo a la mayor distancia.

Esperando en silencio que despiertes, procurando a la vez que duermas todavía, que mientras tanto duermas.

[18]

(1)

Han crecido los niños mientras duermes, han nacido los mirlos que cantan con la aurora.

Han brotado del mar las nubes que ahora cubren el cielo y lo oscurecen.

Han nacido los peces que nadan bajo el agua, ha aumentado el caudal de las cuencas fluviales mientras duermes.

Han nacido cachorros y corderos, las espigas del campo se han cuajado y entre ellas se vislumbran amapolas.

Ha florecido mientras el almendro, y a su nido de amor han regresado las cigüeñas.

Pían las golondrinas y les pido que guarden silencio mientras duermes.

Mientras duermes la vida continúa, se aman las especies, y hasta se reproducen para poblar la tierra.

Se ha retirado ya lo seco de lo húmedo, ya ha brotado la luz de las tinieblas.

Se ha separado el día de la noche y han crecido los árboles y todas las especies vegetales.

Han inundado el mundo los helechos, han crecido a la orilla del mar diez mil palmeras.

(2)

Al lado de la selva está el desierto con sus dunas de arena y sus oasis.

El hielo de los polos ha quedado sellado en su dureza, y su blancura es tanta que ilumina al girar el firmamento.

El cielo está poblado por las aves, que recorren las nubes y atraviesan el viento.

En el agua las olas, delfines y ballenas, que se asoman a veces a respirar y siguen enseguida su ruta submarina.

Toda la superficie terrestre se ha quebrado, fragmentada en distintas placas continentales, de imperceptible movimiento.

Y de su antiguo choque han quedado visibles las altas cordilleras.

Y alrededor del sol sigue girando el mundo mientras duermes.

Y giran las estrellas del zodiaco, agrupadas definitivamente en sus constelaciones.

La galaxia completa se queda quieta a veces, para ver cómo duermes.

Su sideral silencio se hace permanente para guardar tu sueño.

(3)

Y en las profundidades del mundo submarino, los seres abisales.

Y en las cumbres las águilas sus nidos establecen, y el halcón van de caza y el cernícalo.

Y el vencejo en su vuelo incansable no para ni siquiera a dormir, duerme en el cielo en permanente vuelo.

La paloma zurea asustadiza, la liebre fiel escucha, el lobezno se asoma a ver qué pasa, desde su madriguera.

Los hurones también están dormidos, y mientras tanto crecen las espigas.

Y florece el almendro y la higuera da frutos, y mientras tanto aumenta el verdor de las viñas.

Y mientras tanto llueve cansada ya la nube de estar quieta en el cielo.

Y mientras tanto rezo mi oración y te pido que cese mi dolor, que se cure mi herida.

Que deje de sangrar la llaga de mi pecho, que la inquietud termine, que alcance su final la oscuridad.

Mientras tanto te pido que sea cada noche una noche de amor igual que el día.

(4)

Y te enseño mis manos, y te muestro mi frente, cuento ante ti
mis lágrimas y beso con el más profundo cuidado tu mejilla.

Para no despertarte, para que sigas dormido mientras
sueño.

Sueño yo con la nube, sueño yo con la lluvia y la tormenta,
sueño con la marea que alcanza inmensidades.

Sueño con el delfín que salta a respirar, sueño con las
espigas cimbreándose.

Sueño con el caudal del río, su desembocadura, sueño que
soy un árbol que crece hasta las nubes.

Una nube que truena y te despierta, un temor y un temblor
ante el abismo de tu nueva mirada.

Sueño que soy un niño o un cordero, sueño que soy el lobo
solitario en la estepa.

Sueño con icebergs danzando entre las olas, imagino
archipiélagos e islas solitarias que conservan tesoros bucaneros.

Penetro a sus entrañas, entro a sus oquedades, sin miedo
pues Tú mismo me proteges.

Me llevas de la mano, vas conmigo, nunca me dejas solo,
vas conmigo al abismo donde todo comienza.

y(5)

Donde todo germina, donde cada semilla se hace un árbol, en
donde cada árbol es un hombre o es un ángel.

En donde cada ángel es espiga o simiente, en donde cada
espiga es una piedra que al ser tocada habla, alcanza vida.

En donde cada vida es la palabra de amor que Tú
pronuncias y me enseñas a pronunciar contigo en el camino.

En mi sueño el camino nunca acaba, va saltando horizontes
de uno en uno.

Subiendo a las montañas, bajando a las praderas, atravesando
valles y cruzando llanuras inmensas como mares.

Va rodeando el mundo de océano en océano, va por los meridianos y por los paralelos, va trazando los círculos polares.

En mi sueño el camino por donde vamos nunca termina, es el camino eterno por el que Tú me llevas de la mano.

Por el que Tú me guías guarecido en tus alas, en permanente vuelo.

Gozo pleno que tu presencia causa, y mientras tanto duermes, y mientras sueño duermes.

Y la tormenta calmas, y mi tormenta calmas, deleite que no acaba, delicia que no acaba, embriaguez y embeleso que no acaban.

[19]

(1)

Me enamoro de ti contemplando tu sueño, mientras duermes me aturde tu hermosura.

Me embauca la belleza de tu rostro, me enloquece la mueca de tus labios, risueña, de muchacho.

Me aturde el entrecejo de tu frente, me fascina la luz que desprendes dormido en la cubierta de esta barca.

Anclada mientras tanto, me quedo suspendido mientras duermes, mecido por el viento.

Maravillado en ti, mientras te miro siento que te amo, mientras respiras siento que te amo.

Recuerdo tus palabras y te amo, me invade el estupor al recordar tu voz cuando me preguntabas si te amo.

Y te dije ya sabes que te quiero, Tú que lo sabes todo, ya sabes que te quiero.

Te amo en cada ola que acaricia la proa y a estribor nos empuja levemente.

Te amo en cada soplo de viento que poco a poco hincha nuestras velas y nos mueve.

Me enamora el recuerdo de tu voz, me asombra tu silencio, me fascina, dota de lucidez mi entendimiento.

(2)

Sumergido en el sueño estás ahora como si viajaras al fondo de este mar que amenaza, que a veces amenaza y se embravece.

Me seduce la compostura de tu cuerpo recostado en el suelo húmedo, doloroso.

Y quisiera servirte de sostén mientras Tú duermes, mantener en mis brazos tu cabeza.

Entrar en ti y saber lo que sueñas, saber si Tú me sueñas o me piensas.

Preguntarte, aun sabiendo la respuesta, si me amas también igual que yo te amo.

Gozar cuando me digas que me amas, deleitarme en tu voz, en tus palabras, al decir que me amas.

Y seguir encantado sosteniendo tu rostro con mis manos.

Acariciando acaso tu costado al ritmo intermitente de tu respiración.

Me ilusiono al mirarte, hechizado ante ti, seducido por ti, por tu mera presencia mientras duermes.

Ordeno con furor a las olas que callen, que se aquieten, se mantengan en calma, no vayan a despertarte.

(3)

De momento obedecen y Tú duermes, sigues aún dormido mientras yo te contemplo enamorado.

Enamorado más aún pues cuanto más te miro más te amo, dormido como estás y yo a tu lado.

Sin duda eres Hijo de Dios y yo te amo, sin duda eres Hijo del Hombre y yo te amo.

Porque sé que me amas, y mientras duermes callo, apenas digo nada.

Me hablo en el silencio y te hablo en silencio porque sé que me oyes.

Aunque no lo pronuncie Tú me oyes, sabes lo que te digo, entiendes lo que siento, y sin decirlo.

Si digo que te amo Tú sabes que es verdad como verdad es que me amas.

Tú me amas, dormido Tú me amas, despierto Tú me amas, cuando el mar está en calma Tú me amas.

Cuando el mar se atormenta Tú me amas, y cuando me preguntas si te amo yo sé que Tú me amas.

Y entonces más aún te amo para que te des cuenta aunque no diga nada.

(4)

Para que Tú lo sepas aunque no te lo diga, enamorado estoy, eres mi Amigo.

La mitad de mi alma, mi alma entera, mi cuerpo entero es tuyo, mi ser entero es tuyo pues me diste Tú el ser.

El cuerpo, el alma, la palabra, me diste la palabra de tu boca, me diste los latidos que da mi corazón.

Derramas de tu pecho en mi pecho tu aliento y te respiro, y al contemplar tu sueño me invade la ternura.

Y al contemplar tu sueño mi paladar se endulza, se endulzan mis entrañas, mi sangre se hace miel, mis huesos son de azúcar.

Me hago de algodón para arroparte, mis ojos reconocen tu hermosura, mis labios tu dulzura.

Mis manos la ternura de tus manos, que aun dormidas rezuman de bondad y clemencia.

Devoro con mirarte algo de tu bondad, algo de tu hermosura se queda en mi mirada para siempre.

Pero no disminuye sino aumenta, que con mirarte crece y nunca deja de crecer y extasiarme.

Eres el más hermoso de los hombres, y si duermes aumenta tu hermosura, y si sueñas aumenta tu hermosura.

y(5)

Y en tu silencio aumenta tu hermosura, y en tu quietud aumenta tu hermosura.

Y al respirar dormido aumenta tu hermosura, y al sonreír dormido, quizás sueñas, aumenta tu hermosura.

Y tus ojos cerrados, que por dormir no dejan de alumbrar y dar luz cada vez más hermosa, aumentan tu hermosura.

Y aumenta tu hermosura cada vez que una ola mueve la barca donde estamos.

Y cada vez que se hinchan las velas por el viento aumenta tu hermosura.

Y es tanta tu hermosura que sigo enamorado y moriré de ti, por ti.

Que más aumentará cuando despiertes tu hermosura, y estallaré de amor en cuanto que me mires.

En cuanto Tú me mires o me hables, o pronuncies mi nombre y de nuevo preguntes si te amo.

Cautivado caeré a tus pies y moriré adorándote, a tus pies moriré de tanto amarte.

Mas tu gracia me hará resucitar, resucitar de amor para seguir amándote, para seguir amándote, para seguir amándote.

(1)

A tus pies me detengo para tenerte cerca, a tus pies me he sentado para cuidar tu sueño.

No dejo que las olas te despierten, no dejo que las aves graznen entre las velas.

Las espanto y extrañamente me obedecen, y las olas se aquietan y mientras anochece se difumina el cielo.

Se borra el horizonte, invisibles se tornan las estrellas tras las nubes, y oscurece.

Permaneces dormido y yo a tus pies, velando tu dormir y también soñoliento.

Sin querer recostarme para seguir despierto, despierto y observando tu dormir.

Tu dormir quieto, metido entre tus sueños, ahí quisiera estar, lo más dentro posible de tus sueños.

Ser tu sueño, o la sombra de él, la sombra al menos y que a tu despertar me hiciera hombre como ahora.

Para seguir velando mientras duermes de nuevo, y seguir en tu sueño para siempre.

Miré tu rostro un día y te seguí, como nunca, despierto.

(2)

Tan despierto que cada paso era prendimiento de luz, salto de gloria, acercamiento a ti porque me iluminabas.

Desde entonces mi vida ha sido tuya, y ya lo era, me miraste y en tu mirada supe la verdad de la vida.

La bondad de las cosas creadas, su sentido, comprendí cada giro de la tierra.

El germinar de las semillas, el origen del viento y de la lluvia.

Entendía el lenguaje contigo de las fieras, la lengua del león y del tigre, la lengua de las cebras y de los elefantes.

Sabía qué decían en el bosque los ciervos y las liebres.

Y al volar por el cielo de tu mano podía conversar con el halcón y el águila.

A tu lado seguí desde que me miraste, tu palabra me hería y no podía dejar de oír todo lo que decías.

Aunque fueran parábolas las extrañas historias que contabas, eras Hijo de Dios, lo supe entonces y más aún lo sé ahora.

Tu mano me otorgaba la gracia de entenderte y le daba a mis pies la fuerza de seguirte.

(3)

Seguirte a todas partes respirando tu aliento, buscando tu mirada nuevamente.

Alimentándome de ti, nutriéndome de ti como una criatura que de su madre mama.

Como cachorro o potro que acaba de nacer y se amamanta, ágil y apasionado se amamanta.

Extrae la dulzura del vientre más nutriente de la naturaleza.

Mientras duermes te miro y lo recuerdo, me viste bajo el árbol, a la sombra en penumbra de la higuera.

Y me llamaste, pronunciaste mi nombre y te seguí de cerca para continuar oyéndote.

Daba igual que dijeras una cosa o la otra, solamente quería oírte, siempre oírte.

Tu voz era el sonido del viento entre las ramas, tu voz era el silbido de la espiga que roza con la espiga.

Del junco que roza con el junco, de la crin al galope del caballo, tu voz era de nube, como algodón de azúcar.

De espuma como la cresta de la ola, de lana del cordero que apenas ha nacido.

(4)

Tu voz me cautivaba y anudaba mi ser a tu garganta, los labios de mi boca sonreían con tan sólo escucharte.

Y me acercaba a ti lo más posible, para oírte mejor, tu voz se hizo mi voz, tu palabra se hizo de mí mismo.

Anidó en mis entrañas, germinó de mi vientre y de mi pecho, brotó por mi garganta rasgándola al salir.

Desgarrando mi ser, llagándome al crecer tanto por dentro como caudal inmenso que al fin se desbordaba e inundaba.

Mientras te miro crecen en mí las palabras sembradas por tu boca y tus manos, por tu frente y tus ojos.

Y siento que te amo, mientras duermes te amo, más que nunca te amo en tu silencio y me hago de nuevo de tus sueños.

Me adueño con mirarte de tu cuerpo tan cercano a mi cuerpo, porque anclado a tus pies te adoro y te contemplo.

Reviso cada pliegue del manto que te abriga, no dejo que te enfríes, tengo miedo de que la nube truene y te despierte.

Que se arme tormenta y se embravezca el mar y te despierte, que las aves se asusten y al graznar su pavor te despierte.

No quiero que la ola gigantesca desancle nuestra barca y yendo a la deriva te despierte.

(5)

Sigue dormido en mí, yo cuidaré tu sueño y dormiré a tu lado cuando llegue la hora.

Pero ahora, despierto, a tus pies recostado, en mi silencio, te contemplo y te adoro.

Te recuerdo rezando arrodillado ante el olivo, y te rezo, te rezo mientras duermes porque sé que me escuchas.

Me escuchas en tu sueño, sabes bien lo que digo, sabes bien qué te pido.

Aunque hablara la lengua de los tigres sabrías lo que digo.

Aunque hablara la lengua del león sabrías lo que digo.

Aunque hablara la lengua del ciervo o de la liebre sabrías lo que digo.

Porque Tú sabes todo y todo lo comprendes y entiendes y sabes lo que piden el almendro o la higuera.

Lo que piden las vides cuajadas de racimos, lo que pide la abeja o pide el gorrión.

Sabes bien lo que piden el cordero y el toro, sabes bien lo que piden el girasol y la amapola.

y(6)

Porque lo sabes todo, porque lo escuchas todo aunque sigas dormido.

Y lo sabrías todo aunque estuviera la barca a la deriva, soplada por viento y sus velas hinchadas como ahora.

A punto de rasgarse, sin perder la esperanza sin embargo, esa esperanza tuya que se anida en mi pecho.

Y crece en mí como si fuera el mismo aliento que me mantiene vivo.

Anudado a tu aliento porque sin ti me ahogo, y sueño de tu sueño soy porque te miro.

Esperándote miro tu rostro, te contemplo, y en tu ser me reflejo.

Sombra soy de tu sueño, apenas nada, y sin embargo todo, porque sé que me amas.

Aquí también me amas, no has dejado de amarme en todo el tiempo, no dejarás de amarme mientras duermes.

No dejarás de amarme mientras cuido tu sueño, no dejarás de amarme ni dejaré de amarte.

Ni cuando estés dormido te dejaré de amar, ni dejaré de amarte cuando ya estés despierto.

[21]

(1)

Duermes en mí, descansa tu mirada en mi mirada, descansa tu palabra en mi palabra.

Descansa tu cabeza en mi costado, igual que aquella noche, cuando te despedías.

Era yo quien ponía mi rostro lo más cerca posible de tu rostro.

Era yo quien quería dormir porque te ibas, y el dolor que dejabas insoportable era y sin querer creerte te escuchaba.

Te despediste, sí, dijiste adiós apasionadamente, dejaste que el dolor te acompañara, hasta la más profunda soledad.

No te llevaron a rastras, fuiste Tú dócilmente y sin dudarlo, te arrojaste al misterio.

Cumpliste tu destino, y duermes ahora en mí, y cuido yo tu sueño.

Estaba yo contigo entonces, y ahora sigo a tu lado igual que antes, nunca te dejaré.

Mis manos son tus manos, la herida de tu pecho está en mi pecho, las llagas que te hicieron las tengo yo en mi cuerpo.

Como si fuera el tuyo, porque es tuyo, de tu cuerpo es mi cuerpo que de ti se alimenta.

(2)

De tu cuerpo es mi cuerpo que de ti vive y crece, alcanza gran altura, toma alas de ti para volar contigo.

Cobra fuerzas de ti para seguir viviendo, tuyo soy y eres mío, desde la noche aquella en que resucitaste.

Emergiendo a la vida nuevamente desde las espeluncas más oscuras, en las entrañas de la tierra.

Volviste al tercer día y fue tu ausencia toda la eternidad, la eternidad en mí hasta que regresaste y fuiste mío.

Y supe que tu vida era la mía, resucité contigo, me hice tuyo otra vez como la lluvia.

Tuyo como la nube y las estrellas, tuyo como el caudal del río y los almendros.

Tuyo como la higuera y los ciervos del bosque, tuyo me hice como el tiempo y las olas.

Tuyo como la espuma de la orilla del mar, tuyo como la lejanía, tuyo como las islas misteriosas.

Tuyo como las cordilleras y el camino que lleva a los valles remotos.

Tuyo me hice como cordero en tu rebaño, tuyo me hice como la estrella de tu pecho.

(3)

Tuyo me hice como las llagas de tus manos, tuyo como la herida de tu frente.

Tuyo como al principio de los tiempos, semejante a tu ser como al principio de los tiempos.

Y ahora te contemplo mientras duermes, a punto de desatarse la tormenta.

Tengo miedo sin ti, tal vez ausente porque duermes, pero no dejarás que me arrastren las olas.

No dejarás que el mar embravecido me devore, Tú no permitirás que el trueno me ensordezca.

No podrás consentir que me ahogue el abismo de los fondos marinos.

Antes despertarás para salvarme o aun dormido sabrás calmar el viento y la marea.

Templarás la tormenta con tu solo deseo, ordenarás la paz, tu inteligencia triunfará sobre el mal, sobre el peligro.

Tú serás otra vez mi consuelo, mi alivio, seguirás siendo Tú, tan sólo Tú mi aliento, mi esperanza.

Yo seguiré cuidando tu sueño mientras duermes, contemplando tu rostro, adorando tu rostro.

(4)

Reflejándome en ti como si fueras el espejo de las aguas.

Rielando sobre ti como la luna riela cada noche, penetrando en tus sueños como si fueran míos.

Recordando tu voz para endulzar mi boca en esta espera.

Pronunciando en silencio palabras que Tú has dicho, que alguna vez has dicho y las he aprendido.

Palabras que escribiste en el agua y la arena, que el viento se llevaba muy lejos.

Pero algunas se quedaron en mí, clavadas como espinas, adornando mi frente igual que una corona de amor y de dolor.

Palabras como olas, a veces como nubes, palabras como árboles o nidos.

Como si fueran pétalos o espigas, o semillas sembradas en la tierra.

En vuelo como aves o nadando en el mar igual que los muchachos que nadan sin cansarse.

Te recuerdo ahora mismo sentado en una roca, mirando el horizonte.

(5)

Rezando en el silencio de cada amanecer, contando cada ola de una en una.

Enumerando las piedras que pisabas, sin parar de rezar y sin parar de andar en cuanto reemprendías el camino.

Era yo mismo en ti, eras Tú mismo en mí, que me guiabas, oía tus palabras sin saber qué decías.

Pero Tú me seguías hablando, hasta que un día te entendí, por fin te comprendí, supe escucharte.

Me seguías hablando y te escuchaba, me seguías hablando y te entendía, comencé a comprender lo que decías.

Supe lo que decían las olas y las piedras, supe lo que decían el viento y el vuelo de las aves.

Entendí lo que hablaban las gaviotas, y comprendí el mensaje de las nubes.

Escuché lo que el mirlo me contaba, lo que el búho callaba, hablé con el idioma de la luna y también lo entendía.

Y mientras Tú me hablabas, y mientras a mi lado caminabas te escuchaba.

Me llenabas de ti con tu palabra, me llenabas de ti, ocupabas mi alma.

(6)

No quedaba un vacío que dentro de mí mismo no ocuparas.

Entraste en mí después de tanta lucha, de tanto caminar a la orilla del mar, en cada amanecer.

En cada comienzo del día insistías en mí, me horadaba tu voz.

Hasta que por la herida del pecho penetraste y me ocupaste.

Lleno quedé de ti, pensé que ya era tarde, o demasiado tarde, pero Tú entraste en mí.

Me penetraste y me hiciste de ti, y ya sin resistencia me hice tuyo.

Dejé que te adueñaras de mi ser, que era tuyo, desde el principio tuyo y yo no lo sabía.

Y yo no lo entendía, y no lo comprendía, Tú tan sólo ocupabas lo que te apetecía, pues te pertenecía.

Mi ser entero era de ti, desde siempre de ti, para siempre de ti, y a ti volvía.

Tú lo recuperabas, Tú lo recuperaste para ti y para mí, mío fui al ser tuyo.

y(7)

Que antes no lo era pues estaba perdido, perdido entre las olas, perdido entre las nubes.

Hundido en la tormenta, entre los truenos, dejando que las fieras me aturdieran.

Me asustaran sus fauces y sus gritos, temeroso en la selva, extraviado de ti.

Que estabas a mi lado pero no te sentía, porque no te escuchaba ni atendía.

Otro era mi idioma, Tú lo sabes, hasta que pronunciaste mi nombre y te hice caso.

Debajo de la higuera me encontraste y me llamaste, para seguirte siempre desde entonces.

Quise ser tuyo para siempre desde entonces, para siempre de ti, sombra de un sueño en ti.

Que dormido o despierto me deseas, me sueñas y me llamas.

Que dormido o despierto exhalas tu aliento para mí, que dormido o despierto me enamoras.

Me hieres, me desgarras, y lo mismo que te amo Tú me amas, igual que yo te amo Tú me amas.

[22]

(1)

A tus pies mientras duermes, nuevamente a tus pies para mirarte y contemplarte.

Mirar tu rostro y aprehenderlo, saberme su relieve, su frente, sus heridas.

Sus sienes y sus labios, su posible sonrisa, recordar su mirada y seguir esperándola.

A tus pies recostado, guardando tu silencio, adorando tu sueño, adorándote a ti sin que Tú te des cuenta.

A tus pies mientras duermes, gozando en la pasión de contemplarte.

Te imagino en las nubes, te imagino en las olas, te imagino a la sombra del árbol de la vida.

Te imagino a la orilla de un río caudaloso, caminando despacio hasta llegar al mar, que es tu destino.

Te imagino viniendo hacia mí, calmando mientras tanto la tormenta que ya se ha desatado.

Calmando tu presencia su alboroto, caminando despacio sobre el agua, para salvar mi ser del hundimiento.

Para salvarme a mí, porque me estaba hundiendo y la corriente submarina me arrastraba.

(2)

Te imagino tomando mi mano y con tu fuerza elevarme a la altura de tu rostro y hacerme respirar, que no lo hacía.

Y respirar de nuevo de tu aliento, calmar mi ánimo en tu ánimo silente, y con mirarte comenzar de nuevo.

Y con mirarte emprender un camino largo por los acantilados.

Hasta alcanzar el horizonte y saltar de tu mano al otro lado.

Imagino tu voz llamándome de nuevo, pronunciando mi nombre.

Despejando tinieblas y creando de nuevo la luz y los helechos.

Separando otra vez las aguas de la tierra, lo sólido y lo líquido.

Agua salada al mar, agua dulce a los ríos, y pura y cristalina para los manantiales.

Te imagino creando de nuevo las especies, en el agua los peces, las aves en el cielo.

Las fieras en la selva y en el bosque los toros y los ciervos.

(3)

Creando los caballos que aprenden su relincho poco a poco.

Reuniendo corderos en rebaños, enseñando a las vacas a dar leche y mugir cuando paren sus crías, sus terneros.

Alrededor de ti todos los seres creados en la tierra y el cielo.

En la tierra los hombres y los árboles, en el cielo las nubes y los ángeles, la luna, las estrellas.

Porque Tú eres el sol que justifica todo, el sol que lo ilumina todo.

El sol que con su voz y con su imagen lo piensa y crea todo, lo saca de la nada y lo entrega a la vida.

Porque eres la vida, eres Dios y das vida, eres Hombre y das vida.

Sigues dando la vida aunque descanses, como ahora descansas y duermes a mi lado.

Y a tus pies recostado te contemple y te adore, y al adorarte sueñe, y al adorarte espere.

Y al adorarte olvide mi dolor, y al adorarte aprenda qué significa amar y ser amado.

(4)

Y al adorarte aprenda de tu silencio el mío, de tu dolor el mío, de tu sueño mi sueño.

De tu frente mi frente, de tu boca mi boca, de tu pecho mi pecho.

Y de cada latido que da tu corazón aprenda el mío y así siga latiendo.

Mientras te miro sueño con tu abrazo, mientras contemplo tu dormir sueño tu voz, tu susurro en mi oído.

Mientras cuido tu sueño me inunda la ternura, y aunque eres hijo de Dios, yo veo un muchacho dormido que me ama.

Un muchacho dormido a quien yo tanto amo, y no quiero que nada ni nadie le despierte, necesitas descanso.

Yo cuidaré tu sueño mientras tanto, seguiré contemplando tu dormir.

Seguiré contemplándote y seguiré adorándote despacio, muy despacio.

Para no hacer ningún ruido, a tus pies recostado como ahora, en profundo silencio.

No dejaré que el viento se alborote, no dejaré que el mar se ponga en movimiento y haga olas.

y(5)

No dejaré que rujan las fieras ni dejaré que venga el halcón a piarte ni te reclame hambrienta el ave de la noche.

Ni dejaré que el huracán bostece o tosa el terremoto desde el fondo del mar, para no despertarte.

Para no despertarte, para seguir cuidando tu sueño mientras transcurre el tiempo.

Que también se detiene para sentir tu sueño, para verte dormir recostado en el lecho donde yo te contemplo.

También adormecido, recostado a tus pies, nuevamente a tus pies para mirarte y contemplarte.

Mirar tu rostro y aprehenderlo, saberme su relieve, su frente, sus heridas.

Sus sienes y sus labios, su posible sonrisa, recordar su mirada y seguirla esperando.

Y seguir esperando hasta que te despiertes y me hables, me mires y sonrías.

Me digas tengo hambre y preparemos juntos la comida.

Prenda yo el fuego y ponga el pez, y Tú traigas el pan, y me lo ofrezcas.

(1)

Me preguntaste un día si te amaba, y dije que te amaba.

Lo volviste otra vez a preguntar y respondí lo mismo.

Y por tercera vez me preguntaste y te dije Tú sabes que te amo, sabes bien que te amo porque sé que me amas.

Si he llegado a la luna es porque Tú me amas, si sé contar las nubes es porque Tú me amas.

Si salto de ola en ola al caer de la tarde es porque Tú me amas.

Si vienes a enjugar mis lágrimas cada vez que mi llanto te enternece, es porque Tú me amas.

Y por eso te amo, y si Tú me preguntas te contesto una vez, y otra vez, y otra vez, Tú sabes que te amo.

Y sé bien que me amas porque si salto el horizonte es porque Tú me amas.

Si hablo con las golondrinas es porque Tú me amas.

Si entiendo el lenguaje de los caballos y de las cebras de la selva es porque Tú me amas.

(2)

Si escucho el rugido del león desde tan lejos es porque Tú me amas.

Si recuerdo el transcurso de los ríos con todas sus ensenadas, sus meandros y desembocaduras es porque Tú me amas.

Si sé cuándo la oveja está a punto de parir y sé cuándo el cordero tiene hambre.

Y necesita ser amamantado es porque Tú me amas, es porque Tú me amas.

Si comprendo el silencio de la noche y presiento a la hora exacta la llegada de la aurora es porque Tú me amas.

Si reconozco el movimiento de los girasoles y lo retengo en mi memoria es porque Tú me amas.

Y si me lanzo al agua desde el acantilado y llego al fondo del mar es porque Tú me amas.

Yo sé que Tú me amas y si me preguntaras de nuevo si te amo no dudaría en responderte, Tú sabes que te amo.

Sabes bien que te amo, pregúntalo mil veces, antes de ir a dormir o ahora, en cuanto te despiertes.

A medianoche o cuando llegue nuevamente el día, pregúntame otra vez cuánto te amo.

(3)

Y te responderé te amo más que al sol, te amo más que al cielo, te amo más aún que a las espigas.

Te amo más que al almendro y a la higuera, más que al delfín que habita en las aguas del mar.

Pregúntame otra vez si es verdad que te amo y te diré otra vez cuánto te amo, porque sé que me amas.

No dudo de tu amor, nunca lo olvido, pero también me gusta preguntar, para que me contestes que me amas.

Y otra vez preguntarte y otra vez escuchar tu respuesta de amor como al principio.

Igual que la primera vez que lo dijiste y entendí tus palabras y supe de verdad lo que decías.

Al principio decías que me amabas y yo no te entendía, lo decías de nuevo y apenas te escuchaba.

Volvías a decirlo y aunque te oyera lo olvidaba, y de nuevo te oía pero no te escuchaba.

Y aunque escuchara no entendía, hasta que me llamaste un día y caminé a tu lado, y mis ojos se abrieron a la luz de tus ojos.

Y mis sueños se abrieron a tus sueños, e iluminó mi alma tu palabra de amor.

(4)

Y entonces pude oírte, tantas veces, tantas veces, porque a partir de entonces te entendía.

Y comprendía todo lo que decías, todo lo que pensabas y anhelabas.

Y te correspondía anhelando lo mismo que anhelabas.

Y pensando lo mismo que pensabas, y soñando lo mismo que soñabas.

Y cuando lo decías yo te contestaba, con las mismas palabras, con tus mismas palabras.

Y me lo preguntabas y yo te contestaba, Tú sabes que te amo, y aunque no lo supiera sabías que te amaba.

Porque Tú ya me amabas, antes de conocerme ya me amabas.

Antes de conquistarme para ir a tu lado ya me amabas.

Y yo te amé a partir del momento en que tu amor iluminó mi alma y entró tu cuerpo en mí, y me llenó de ti.

Y supe que me amabas porque así me ocupabas, y tu cuerpo en mi cuerpo me nutría y a veces me saciaba.

(5)

Pero sembraba en mí el hambre de tenerte, de llenar mi vacío con tu ser en mi ser.

Y una y otra vez alimentarme de tu carne y tu sangre, devorarte y hacerte de mí mismo.

Y aprendí a preguntarte si me amabas, igual que Tú también me preguntabas.

No por dudar de tu amor en mi amor, sino por deleitarte en la respuesta que te daba.

Gozar con mis palabras como yo con las tuyas, pues en cada palabra iba mi alma.

Mi alma que se hizo de la tuya, que supo que era parte de tu alma.

Ya que siempre fue tuya aunque no lo supiera ni dijera.

Yo también te pregunto si me amas, y me sé tu respuesta pero gozo de oírla, triplicada.

Al subir a la luna yo te oigo decir cuánto me amas, cuando cuento las nubes me dices que me amas.

Cuando salto las olas me dices que me amas, cada vez que Tú enjugas mis lágrimas me dices que me amas.

(6)

Cuando salto más allá del horizonte te oigo decir cuánto me amas.

Cuando hablo con las golondrinas ellas mismas me dicen que me amas.

Igual que los caballos y las cebras, que en su relincho me dicen que me amas.

Y en su silencio me dicen que me amas, y al entender el rugido del león te oigo decir cuánto me amas.

Y al recordar el curso misterioso y secreto de los ríos me dices que me amas.

Y cuando la oveja va a parir me dices que me amas, y cuando el cordero hambriento se amamanta me dices que me amas.

Y en el silencio de la noche te escucho una y otra vez decir cuánto me amas.

Y al presentir la aurora me dices que me amas.

Y con lanzarme al agua desde el lugar más alto de los acantilados me dices que me amas.

Y soy el girasol que busca tu mirada, y encuentro tu mirada, y tu sola mirada me dice que me amas.

y(7)

Y gozo en escucharte, me deleito en oírte, tus palabras de amor me dan la vida.

Por eso voy contigo a cualquier parte, por el mar, por la tierra, por el cielo.

Contigo a todas partes donde vayas, contigo para verte y escucharte.

Contigo para que Tú me cuides y cuidarte, contigo para verte dormir sin despertarte.

Y contemplar tu rostro como ahora y adorarte, tu rostro incognoscible e insondable, tu rostro impenetrable.

Tu rostro que aun dormido ilumina mi rostro y me da inteligencia para amarte.

Me da sabiduría para saber que Tú me amas, paciencia para esperar que despiertes y vuelvas a mirarme.

Que termine tu sueño y rompas tu silencio, y me hables de nuevo.

Y juntos prosigamos el camino de dolor en dolor, de consuelo en consuelo.

Hasta llegar contigo al Reino adonde moras, hasta llegar contigo al Reino de los cielos.

[24]

(1)

En el Reino que habitas mi sueño es de tu sueño, mi pensamiento es de tu pensamiento.

Pienso de ti y en ti, sueño de ti y en ti, y sólo vivo en ti, por ti y para ti.

Estando mientras duermes en tu sueño, soñando en tu dormir como Tú sueñas.

Si sueñas con el árbol o la nube sueño yo con el árbol y la nube.

Y nube y árbol soy porque en tu sueño soy lo que Tú sueñas.

Sueñas con el océano infinito y me hago infinito, sueñas con el espacio sideral y me hago estrella.

Sueñas con las higueras, los almendros, y soy en ti higuera, y soy en ti almendro.

Y florezco de ti si sueñas y deseas que florezca, por ti florecí un día, el día que dijiste mi nombre y me llamaste.

Y florezco de ti cada vez que me llamas, mientras duermes y sueñas.

Mientras despiertas de tu sueño y las olas del mar se alborotan contigo y contigo despiertan.

(2)

Y alcanzan movimiento en cuanto Tú te mueves y conmueves, y yo contigo, en ti y alrededor de ti.

Me conmuevo y despierto como Tú te despiertas, y florezco, florezco a tu mirada y lluevo pétalos.

Me hago nube de ti, me desperezo, y desprendo el aroma que prefieres y tu aroma al moverte penetra en mis entrañas.

Y siento que te amo, y sientes que me amas, y en el Reino que habitas, habitamos, floreciendo yo en ti, Tú florecido.

Anidando yo en ti como avecilla, enternecido Tú por mi presencia, tan humilde ante ti, tan pequeñita.

Me acoges en tus ramas y de ti me alimentas, y recién despertado te alimento.

Te doy de mí mi esencia, la sustancia más pura que circula en mis venas y recorre mi cuerpo ahora de tu cuerpo.

Y alimentado en mí Tú me alimentas, de tu sangre y tu carne que ahora es como el pan más tierno y recién hecho.

En el Reino que habitas, adonde me has llevado con tu sueño.

Me despierto de ti y por ti me despierto para verte dormir, mecido por las olas, acariciado por el viento.

(3)

Balanceado en mí que soy barco velero, acaso a la deriva hasta que te despiertes y de nuevo me guíes.

Me lleves de la mano o en tus alas, envuelto y protegido, siempre en vuelo.

Ese vuelo de amor que da la vida, esa vida de amor que brota de tu pecho.

Ese pecho de amor poblado de estrellas y planetas alrededor del sol.

Ese sol que ilumina mi rostro, mi rostro como el tuyo iluminado.

Tu rostro iluminado que origina la luz igual que el mediodía, mediodía de amor, tarde de amor.

Amor en el ocaso que penetra en la noche y la convierte en sueño de amor como al principio.

Noche de amor en ti que eres mediodía, sueño de amor en ti que eres de puro despertar.

Te obedecen las aguas y te obedece el viento, te obedecen las nubes.

Y se rigen las aves y los astros por tus diez mandamientos.

y(4)

Te obedecen los niños y los peces del mar, te obedecen las fieras de la selva.

Y el núcleo de la tierra está a la espera de lo que Tú dispongas para seguir su giro o detenerse.

Hasta dormido guías los destinos del mundo y el universo entero te obedece y te sigue.

Te contempla y te adora como yo, espera como yo tu despertar.

Te guarda su silencio como yo, anonadado como yo ante tanta belleza.

Como yo conmovido por tu quietud y tu hermosura.

La bondad que desprendes, la dulzura que emana de tu respiración, apacible y serena.

Benigna como la del cachorro bien alimentado, el universo entero se enternece ante ti.

Y como yo te adora, y ansiosamente espera que despiertes, pero a la vez desea mantenerte dormido.

Por mirarte dormir y seguir adorándote, por mirarte dormir y seguir adorándote.

[25]

(1)

Te adoro mientras duermes y las olas lentamente se van atormentando.

Y mientras duermes cuento las olas y las nubes, y cuento las espigas de espuma que llegan a la barca y se deshacen.

Y cuento las estrellas cuando llega la noche, y cuento cada rayo de luz que desprende la luna.

Que riela en el espejo del agua y traza el horizonte mientras duermes, y duermen bajo el agua las especies marinas.

Adoro tu dormir y enumero las olas, adoro tu dormir y enumero las nubes, las estrellas.

Y cuento de uno en uno los rayos de la luna, y adoro la blancura de la espuma que salpica tu frente.

Envidiando su beso y su caricia, y contemplo extasiado el transcurso del tiempo.

El ocaso del día y el recuerdo del sol que acaba de ocultarse, y en la tarde te adoro como en el mediodía.

Y si al llegar la noche como ahora duermes en mi regazo, siento en mí tu presencia y en mis brazos tus brazos.

Quisiera sostener tu rostro entre mis manos y meterme en tus sueños y saber lo que piensas, y entenderlo.

(2)

Y con tu pensamiento formar mi pensamiento, y cumplir tus deseos uno a uno, y dominar los míos para dártelos.

Y al darte mis deseos, sabiendo que son tuyos, solamente esperarte.

Esperar que despiertes mientras cuido tu sueño, mientras cuento las olas.

Mientras soplo las nubes porque quiero ahuyentarlas.

Mientras bebo en tu nombre los rayos de la luna.

Y hechos míos los lanzo a tu costado para curar la herida que aún te duela.

Y contadas las olas y ahuyentadas las nubes, decirte si hay bastante para nutrir al día que mañana nos llegue.

Para ti y para mí, un día distinto a cualquier otro día.

Un día en que se acerquen las fieras de la selva a conocerte.

En que los girasoles se asomen al espejo del mar para mirarte.

(3)

Un día en que la luna se llene de tu luz y estalle en pompas de espuma que lo salpiquen todo de alegría.

Y entonces te despiertes, descansado y feliz, y al mirarme sonrías.

Y se estremezca el mundo al ver que te estremeces.

Se arrugue el horizonte, se expanda la marea, galopen los caballos por la orilla.

Los ciervos venzan su timidez y lleguen a tu lado para verte despierto.

Y en su redil la oveja y el cordero balen como si amaneciera, y que amanezca.

Que amanezca y la aurora te sorprenda, y sorprendido yo también guarde silencio como Tú.

Y me complazca en ti porque al abrir mis ojos vea tu rostro.

Porque al abrir mis ojos vea tus brazos y tus manos.

Porque al abrir mis ojos vea tus hombros y tus alas.

(4)

Porque al abrir mis ojos vea tu pecho y contemple tu vientre desnudo como el mar.

Desnudo como el cielo, limpio como la arena del desierto, puro como la espuma de la ola.

Inmenso como la longitud del horizonte, cálido como el beso de los niños a punto de acostarse.

Tierno como el pan recién hecho, suave como la caricia de tu mano.

Y si abro mis ojos al mirarte las olas recuperan su calma.

Y al mirarte las nubes se disipan y despejan el cielo.

Y al mirarte me deslumbra la luz del sol que va ascendiendo buscando el mediodía.

Y al mirarte se oye el canto de los mirlos que despiertan contigo.

Y al mirarte se anonadan mis sueños, se ilumina mi alma, se derrumba mi cuerpo.

Derrotada su carne, derramada su sangre, y me entrego a tu ser.

(5)

Todo mi aliento se hace tuyo, y de mi aliento bebes y respiras.

Y bebiendo tu aliento y respirando sigo vivo por ti, sigo vivo por ti.

Vivo como los girasoles que se asoman por verte al horizonte.

Vivo como las nubes que se esconden y aparecen de nuevo y tornan a esconderse.

Vivo como las fieras de la selva que al conocerte gruñen y rugen y se entregan.

Vivo como tu corazón que late en mí, o el mío en ti, que ambos se confunden.

Mi latido es el tuyo, tu latido es el mío, vivo en ti, duermo en ti, sueño en ti.

No quiero despertar de mi sueño en tu sueño.

No quiero despertar ahora que duermo como Tú.

Que dentro de tu sueño soy soñado, sueño soy de tu alma, sueño de tu palabra apenas pronunciada.

(6)

Sueño soy de tu anhelo, sombra soy de tu sueño, nacido de la nada, y sin embargo tuyo.

Imagen de ti mismo reflejada en las olas, como rayo de luna que riela hasta olvidarse.

Tuyo como las nubes y las olas, tuyo como la misma luna que se llena y estalla.

Tuyo como las fieras de la selva, como los girasoles, tuyo como la arena del desierto.

Como el agua del mar, como la espuma, o como el horizonte que oculta el más allá.

Tuyo soy como el tiempo, y como la distancia, como la infinitud.

Tuyo como la furia que ahora va llegando, a punto de estallar mientras Tú duermes.

Mientras duermes y cuido tu sueño, acaso con temor.

Pues ha tronado, ha rechinado el cielo de repente.

Relámpago a lo lejos, ya se acerca, se acerca la tormenta y tengo miedo.

y(7)

Tendré que despertarte aunque no quiera, me asusta la tormenta, como las aguas tiemblo.

Como la nube trueno de pavor, como cielo en la noche me oscurezco, y Tú sigues dormido.

Tendré que despertarte, despierta, despierta ya, que llueve y no deja de tronar.

La tempestad se ha desatado, no dejes que se hunda nuestra barca, sal de tu sueño.

Despierta ya, sálvame, defiéndeme del mar, defiéndeme del trueno y del relámpago.

Socórreme de la gigante ola, ayúdame a llegar de tu mano a la orilla, a tierra firme.

Ampárame en tu seno, guárdame entre tus brazos.

Protégeme en tus alas, auxíliame en tu pecho.

Acógeme en la oquedad de tu regazo, llévame lejos de aquí, contigo lejos.

Todavía más lejos, llévame donde moras, llévame cuanto antes a tu anunciado Reino.

[26]

(1)

Abro mis ojos y contemplo tu rostro, abro mis ojos y recorro tu frente muy despacio.

Abro mis ojos y tu boca se abre en la sonrisa, se abre en la sonrisa.

Como si fuera a hablar pero calla y espera, pero calla y espera.

Abro mis ojos y tu rostro es la luna que se llena de luz.

Y tu rostro es estrella que me deslumbra y caigo iluminado a tus pies y los beso.

Abro mis ojos y veo tus heridas, tus llagas no curadas, aún sangrantes.

Y al besarlas entra en mí su dulzura y me alimenta, entra en mí su dulzura, y me alimenta.

Abro mi boca y bebo de ti, que manas miel y eres de algodón de azúcar.

Bebo de ti y mi sed no se sacia y no se calma mi hambre de comer de tus manos aquel pan que me dabas recién hecho.

Cuando estabas despierto y andabas sobre el agua, despierto, y venías andando sobre el agua.

(2)

Dormido estás ahora y de tus manos el manjar que devoro eres Tú mismo.

Que mirarte es comerte, es devorarte, mirarte es adorarte y aprehenderte.

Hacerte de mí mismo al contemplarte, hacerte de mí mismo al contemplarte.

Hacer que entres en mí lo más dentro posible y estando en mí me llenes.

Como luna o estrella hasta estallar de ti, hasta tronar de ti como la nube.

Hasta llover de ti como en tormenta desatada, ciego de ti de tanto verte.

Dichosa mi mirada de mirarte, feliz mi ser de ti, porque eres en mí.

Instalado en mi ser como mi propia carne, como mi propia carne de tu carne.

Como mi propia sangre, como mi propio sueño que también es tu sueño.

Abro mis ojos y contemplo tu rostro, abro mis ojos para mirar tu rostro.

(3)

Y contemplo tu pecho puntuado de estrellas, tu vientre cultivado de espigas.

Tus costados, habitados de ciervos que trotan asustados y se esconden.

Tu pecho, donde viven los corzos y cabalgan los caballos salvajes.

Tu pecho, donde aterrizan meteoros de un distante universo.

Tu pecho, donde entrenan los atletas y las liebres alcanzan su gran velocidad.

Y tu vientre de luz donde anidan las aves migratorias.

Regresan las cigüeñas y echan a volar las golondrinas, que pían y no dejan de trinar.

Tu vientre atravesado por ríos caudalosos que dibujan meandros y en delta desembocan.

Tu vientre florecido como almendro o manzano que se deja comer.

Abro mis ojos y contemplo tu vientre, y contemplo tu pecho que respira despacio.

(4)

Y contemplo tu rostro de luna llena reflejado en el agua, a veces submarino.

Que emerge a respirar, que emerge a respirar como el delfín o la ballena.

O queda sumergido en el océano, porque también habita allí como las algas, como las caracolas.

Y a las aguas me arrojo para seguir mirándote, para buscarte y encontrarte en los fondos marinos.

Y allí también mirarte, abrir mis ojos y mirarte, mis ojos y mirarte.

Lo más cerca posible, a tus pies, a tu lado, contemplarte.

Saber cómo es tu frente, saber cómo es tu boca y cómo son tus labios.

Saber cómo es tu cuello y cómo son tus hombros, y cómo son tus manos y tus brazos.

Saber cómo es tu pecho y es tu vientre, saberme tus costados.

Saber tu corazón y contar sus latidos, acercarme a tus pies para besarlos.

y(5)

Para también lavarlos y besarlos, como hiciste Tú un día con los míos, tan sucios del camino, tan cansados.

Besar tus pies como quien besa el fuego, como quien besa el fuego.

Besar tus pies como quien llega al cielo, como quien llega al cielo.

Y pasea entre nubes y le sostiene el viento, y le sostiene el viento.

Besar tus pies como quien besa pétalos de lirio o de amapola.

Besar tus pies despacio, para no despertarte, más despacio que el sol por el zodiaco.

Y de nuevo subir al corazón para escucharlo, para oír cómo apremian sus latidos.

Tus latidos de ola contra el acantilado, tus latidos de trueno o de susurro.

Tus latidos de niño recién nacido acaso, tus latidos de hombre, de muchacho.

Tus latidos en mí, eco haciendo en mi pecho enamorado, eco haciendo en mi pecho enamorado.

[27]

(1)

Lavar tus pies, besar tus pies, curar sus llagas, besar sus llagas, lavarlos y adorarlos.

Besarlos y adorarlos, secarlos y curarlos con mis besos, y adorarlos.

Y lo mismo tus manos, besarlas y adorarlas, acariciarlas con mis manos.

Y volver a besarlas hasta que sus heridas se curen totalmente y queden sanas, sanadas por mis besos.

Tus manos sanadas por mis manos, sanadas y curadas por las caricias de mis manos.

Y curar tu costado, aproximar mis labios a tu herida.

La herida de tu pecho que aún abierta sigue manando vida.

Acercarme a tu lado y beber toda el agua que mana de tu pecho.

Beberla sin parar hasta saciarme, y con mis besos conseguir que se cierre y deje de doler.

Y calmar tu dolor, o quitarte el dolor para quedármelo, y juntar mis heridas con las tuyas.

(2)

Curarlas al juntarlas, sanarlas de una vez, cauterizarlas.

Con el fuego de amor que nos arde por dentro, que nos arde por dentro.

Fuego que brota en ti como volcán que estalla, fuego que prende en mí porque me miras y me hablas.

Un día me miraste y dijiste mi nombre, y prendiste en mi ser la llama de tu llama.

Esa llama de amor que sigue ardiendo, tanto en ti como en mí.

Porque sé que te amo, porque sé que me amas, porque sé que te amo, porque sé que me amas.

Y lo saben las nubes y lo saben las olas, lo sabe el horizonte y lo sabe la luna que se llena al mirarnos.

Y lo saben las aves que vuelan por el cielo, y lo sabe el delfín, lo sabe el tiburón, lo dice su silencio.

Lo saben los caballos salvajes, lo saben los ciervos del bosque y las abejas que liban en cada atardecer.

Llama de amor que cura las heridas, llama de amor que calma el sufrimiento pero también lo causa.

(3)

Ardes en mí como una llama que ya nunca se apaga, sino crece.

Crece con la mirada, crece con la palabra que pronuncias a veces.

Crece con contemplarte y escucharte aunque guardes silencio.

Crece con adorarte mientras duermes o vuelas por las nubes.

O cabalgas en un caballo alado, o nadas bajo el agua.

O saltas de ola en ola borrando el horizonte, borrando el horizonte.

Crece porque me miras y me hablas, me esperas y me llamas, te asomas a mi pecho y ves qué hay dentro.

Entras en mis entrañas y las llenas de amor con tus caricias.

Y tus caricias son el vuelo de los gorriones, y tus caricias son el trino de los mirlos y de las golondrinas.

Y tus caricias son palabras escritas en el agua, en el agua que bebo de ti mismo.

y(4)

Escritas en el viento que respiro de ti mismo, el viento que respiro de ti mismo.

Tus palabras son olas con su cresta de espuma, y causan la blancura.

Tus palabras son nubes que emergen del océano y originan la lluvia.

Tus palabras son cada latido que da tu corazón palpitando en el mío.

Arden en mí, incendian mi costado, prenden mi vientre y me lo inflaman.

Aprendo tus palabras para que Tú me sigas amando como ahora.

Aprendo tus palabras para seguir amándote y besando tus pies.

Lavándolos y amándolos, curando sus heridas sin cansancio.

Adorando y besando sin cansancio, gozando su hermosura.

Deleitándome en lágrimas y en besos, ahogado en su dulzura, sumergido del todo en su ternura.

[28]

(1)

Beso tus pies porque amo tus pies y mientras duermes beso también tus manos porque amo tus manos.

Porque amo tus manos las beso como beso tus pies porque tanto los amo.

Y beso tus rodillas porque heridas las amo y amo tus heridas.

Y las amo también porque amo tus pies, porque amo tus manos.

Y amo tus rodillas tan heridas, y amo las llagas de tus pies, que estuvieron clavados.

Y por curar tus llagas las amo dulcemente, las amo tiernamente.

Y las beso con toda mi ternura, con toda mi dulzura.

Y beso tus rodillas muy despacio, para no hacerles daño, para no despertarte.

Como beso tus pies, como beso tus manos, como beso tus pies, como beso tus manos.

Despacio siempre en ti, recorriéndote a besos mientras duermes.

(2)

Y contemplo tus brazos y los beso despacio también porque los amo.

Amo tus brazos como amo tus hombros, potentes como el fuego.

Y beso con timidez tus hombros, cargados de dolor durante tanto tiempo.

Cargados de la cruz que Tú arrastrabas humillado y herido mientras te contemplaba y te esperaba.

Y sufría por ti, y sufría por mí, porque no te ayudaba, porque no te ayudaba.

Y ahora beso tus hombros que en el sueño descansan y se calman.

Beso tímidamente tu cuello palpitante, porque también lo amo como amo tu pecho.

Y beso cada estrella de tu pecho, y beso cada herida de tu pecho.

Y beso el manantial que hay en tu pecho, que nunca deja de manar.

Bebo de él igual que tantas veces, bebo del manantial de tu pecho porque también le amo.

(3)

Y amo sus estrellas y las beso, una a una las beso, una a una asalto con mis besos su luz y las enciendo.

Pero no te despierto, te dejo en tu dormir, sólo te beso, pues sabes que te amo.

Enamorado estoy de lo que eres, enamorado estoy de todo lo que tienes en tu cuerpo.

Tienes pies y los amo, tienes manos y también las amo, tienes hombros y vientre, cuello, pecho y los amo.

Y los amo y los beso para no despertarte muy despacio, muy despacio.

Y sobre todo amo tu rostro y me detengo a contemplarlo, muy despacio, también contemplo tu rostro muy despacio.

Enamorado estoy de tu boca y tus ojos, enamorado estoy de tus ojos cerrados y aun así luminosos.

Enamorado estoy de tu frente coronada de heridas, que beso de una en una como a estrellas.

Estrellas de tu frente que iluminan mi frente, labios que de tu boca se acercan a los míos en el beso.

Sueño que yo quisiera poseer en mis sueños, ansia de ti, y sed de ti.

(4)

Hambre de ti que siento dentro y nunca satisfago, bebo de ti y de ti me alimento.

Pero sigo sintiendo codicia de tu seno, ambición de tu vientre, afán de tus entrañas.

Beso tu vientre entonces, me detengo en el beso que doy a cada duna del inmenso desierto de tu vientre.

Cálido como la madriguera donde los niños duermen, cálido como el agua que se evapora en nube.

Me detengo en el beso, me complazco en el beso, me deleito en el beso como si fuera nube o fuera estrella.

Como si fuera ola que llega a tus orillas, como si fuera espuma que a tus pies se deshace.

Contento de tenerte, contento de mirarte y contemplarte, contento de besarte.

Feliz porque me otorgas tanta gracia, la gracia de tenerte, la gracia de sentirte.

La gracia de contemplar tu rostro y adorarte, la gracia de besarte, mientras duermes besarte.

Besar tus pies porque amo tus pies, besar tus manos porque amo tus manos.

(5)

Besar tus brazos y tus hombros porque amo tus brazos, porque amo tus hombros.

Besar también tus alas y refugiarme en ellas como siempre porque amo tus alas.

Porque en ellas encuentro mi refugio y mi gozo, mi refugio y mi gozo.

Me otorgas tanta gracia que de ti me deleito, que de ti me complazco, y mientras duermes siento que te amo.

Y te amo tanto que me derramo en ti con cada beso, y me siembro en tu ser y me hago tuyo.

Tuyo soy de tus pies, tuyo soy de tus manos, tuyo soy de tus brazos y tus alas.

Tuyo soy de tu frente y de tu boca, tuyo soy de tus ojos y de tus pensamientos.

Tuyo soy de tus sueños, sombra de un sueño en ti, acaso una mirada en cuanto te despiertes.

Agraciado de ti cuando me mires, tal vez grato a tus ojos nuevamente.

Amo mientras tus pies cada vez que los beso, amo mientras tus manos cada vez que las beso.

y(6)

Amo fieramente tu rostro cada vez que te miro, cada vez que te beso.

Enamorado estoy, siento en mi alma tu alma y en mi cuerpo tu cuerpo.

En mi boca tu boca, en mis manos tus manos, en mi pecho tu pecho.

Siento en mí tu presencia y ardo en el deseo de entrar en tus entrañas para siempre.

Vivir en tu calor, hervir en la pasión de tu temperatura.

Diluirme en la gracia de tu ser en mi ser, de mi ser en tu ser.

Fundirme con mi beso en tus heridas, con mi beso en tus pies, con mi beso en tus brazos y en tus manos.

Con mi beso en tu pecho y en tu vientre, con mi beso en tu frente y en tus labios.

Fundirme con mi beso y ser besado, disolverme en tu ser al ser besado.

Diluirme en tu ser, constituirme en ti, de ti, por ti, al ser besado.

[29]

(1)

Si al besarme la lluvia nos inunda, si al besarme la luna se llena hasta estallar.

Si al besarme la osa mayor se acerca a vernos, si al besarme las olas del océano se aquietan y se callan.

Si se calla el gorrión, calla la golondrina, la tempestad se calla y callan los delfines.

Si al besarme amanece e irrumpe el mediodía o se quiebran los hielos del círculo polar.

Si al besarme soy líquido y regreso al caudal del río que Tú sabes.

Si al besarme los juncos se cimbrean de amor y las espigas crecen a su mayor altura.

Si al besarme el rugido del león amenaza con emprender la caza y muestra sus colmillos hirientes, peligrosos.

Si al besarme la orca busca la superficie y respira y regresa al fondo de las aguas.

Si al besarme el abismo de tu boca es el mío, si al besarme tu árbol de la vida endulza cada fruto de sus ramas.

Y madura el almendro, y madura la higuera, y maduran los tiesos girasoles.

(2)

Si brota el arco iris, si germina la siembra y florece el manzano de repente.

Si al besarme la estrella de la mañana se prende de tu pecho, o el collar del zodiaco se apodera del mío.

Si al besarme se asoman los lobeznos o regresa el cordero perdido a su redil.

Si al besarme la lluvia nos inunda, si la luna se llena y estalla en mil estrellas.

Si al besarme las olas llegan a nuestros pies desnudos como arena.

Si al besarme la arena de las dunas se deja acariciar y el viento se enternece.

O la yegua preñada pare un potro, hermoso como el cielo, o el caballo relincha y se escapa al galope.

O el cielo se despeja y se asoman los ángeles.

O el horizonte viene hasta nosotros y se anuda y enreda en nuestros brazos.

Si al besarme es de día, si al besarme el ocaso se estremece como si fuera un niño que bosteza.

(3)

Si al besarme anochece, si al besarme la luz del mediodía nos deslumbra.

O del fondo marino emergen los delfines, o el tiburón callado canta con las medusas.

O llegan caballitos de mar a salpicarnos.

Si al besarme se juntan los cinco continentes, o la tierra se cansa de girar un momento.

O su inclinado eje se endereza e inicia una desconocida eclíptica.

Si al besarme en la selva las fieras se despiertan y rugen a la vez, o bostezan de gozo.

O suspiran, o sueñan, o atraviesan la estepa manadas de bisontes.

O inundan la pradera los rebaños de ñúes espantados del trueno.

Si al besarme las nubes se convierten en cebras, o las cebras se vuelven caracolas.

Y cada caracola es una piedra preciosa, un zafiro, un diamante.

(4)

Y el agua las arrastra hasta la orilla y allí las recogemos y pulimos.

Si al besarme se hunde la tierra a nuestros pies y la onda expansiva del maremoto llega hasta el otro lado del planeta.

Si el núcleo del planeta estallara también como la luna.

Si al besarme el silencio del firmamento fuera nuestro propio silencio.

Tu silencio en el mío, mi silencio en tu pecho, mi silencio en el beso de tu boca.

Mi silencio en tu frente y en tus manos, y tu silencio en mí.

Constituyéndome, haciéndome de ti, de tu propio silencio.

Si al besarme callaran las estrellas, dejaran de moverse.

O se reprodujeran fieramente con su danza infinita.

Si al besarme la lluvia nos inunda, renace el arco iris, dan a luz a la vez todas las yeguas.

y(5)

Las lobas dan a luz, las vacas dan a luz, las cebras y las ñúes dan a luz.

Dan a luz las jirafas, las tigresas, y de sus huevos nacen los mirlos, las cigüeñas.

Si al besarme se puebla el cielo de amapolas como campo de trigo o viña de racimos ya jugosos.

O en la orilla del río los álamos se convierten en niños aprendiendo a nadar.

O al besarme retorno a ser un niño, o me crecen las alas y vuelo como el águila o el búho.

O vuelo como el mirlo, como la golondrina, o corro como el ciervo o el caballo.

O troto como el potro que acaba de nacer, o nado como el pulpo o salto a superficie como delfín u orca a respirar.

Si al besarme me llevas a la oquedad marina más profunda, al núcleo de la tierra o al origen del viento.

Si me llevas al sitio donde reina tu espíritu, al recinto sagrado donde habitas.

Sin dolor, sin espacio, sin tiempo, si al besarme me llevas a tu Reino, si al besarme me llevas al Reino de los cielos.

(1)

Asombrado de ti mientras Tú duermes, asombrado de ti y acostumbrado.

A tu sueño, a tu sueño de amor, a tu dormir de amor.

Tu descanso de amor, tu respiro de amor, tu sosiego de amor.

Asombrado de ti, de tu quietud de amor, en tu calma de amor, me huelgo de tenerte.

Porque te tengo en mí como tengo mis manos, como tengo tu sueño y tu descanso.

Porque te tengo en mí mientras respiro y oigo tu respirar.

En el sosiego de tu sueño, en el asombro de tenerte.

Tenerte en mí como tengo mi sueño o tengo también mi despertar, mi despertar en ti.

Despiértame a tu sueño, despiértame a tu calma de amor, a tu sosiego de amor, a tu quietud de amor.

Porque me asombra tu dormir, me asombra tu soñar, me asombra el respirar de tu pecho dormido.

(2)

Ese aliento que exhalas y me llega por dentro a lo más hondo.

Pues respiro de ti, sueño de ti, me huelgo de tenerte y gozo en ti, mirándote dormir.

Viéndote respirar, sintiendo tu soñar en tal sosiego, hazme de ti otra vez, una vez más de ti.

Que no me sacio de tenerte a mi lado, no me canso de mirar esa herida de tu pecho, las llagas de tus manos.

La corona de espinas que ha dejado tu frente puntuada de estrellas como el cielo.

No me canso de verte dormir ni de soñar, despierto como estoy, a tu lado, sin apenas moverme.

Vigilando tu sueño, cuidando que el silencio no se rompa.

Cuidando que las aves no graznen ni se lancen al agua y en su estrépito irrumpan y acaben con tu sueño.

Ese sueño de amor que ahora contemplo, ese sueño de amor que en mi interior mantengo para ser como Tú, para amar como Tú.

Ese sueño de amor que cultiva mi espíritu nacido de tu Espíritu.

(3)

Insuflado en mi ser por tu palabra, insuflado en mi alma por tu alma.

Soplado por tu boca que sopló en mi garganta y me otorgó la vida, respirando por mí.

Dándome a respirar su propio aire, aire que de tu pecho procedía.

Aire que tus entrañas producían como si fuera el viento de cada amanecer.

Como si fuera el soplo que cada amanecer otorga al nuevo día.

Amanecer de ti, amanecer de cada día que Tú mismo concedes al árbol de la tierra.

A la nube del cielo, a la ola del agua, al vuelo de la abeja, al trino de los mirlos.

Al nido de la garza entre los juncos, a la orilla del río, al despertar del corzo en el sembrado.

El aire de tu pecho que al llegar a mi pecho me hace tuyo.

Tuyo de tu garganta, tuyo de tus entrañas y de cada latido que da tu corazón.

(4)

Aire de ti en mí, aliento de tu aliento que me llena e inflama.

Me hace arder de ti y enamorarme, respiro de tu aliento y me enamoras.

Recuerdo tu mirada y me enamoras, recuerdo tu palabra y me enamoras.

Tu caminar recuerdo y me enamoras, tu andar sobre las aguas me enamora.

Me enamora tu voz y también me enamora tu silencio, asombrado ante ti, admirado de ti.

Sorprendido en tu ser, maravillado, fascinado al mirarte y aturdido.

Me turba tu presencia y me enamora, me fascina la herida de tu pecho y me enamora.

Me maravilla la herida de tu frente y me enamora, me asombra la sonrisa de tu boca y me enamora.

Me sorprende la luz que de ti brota y me enamora, el brillo de tu cuerpo, y me enamora.

El resplandor perenne de tu rostro y me enamora, el fulgor de tu pecho me enamora.

(5)

Y me enamora el suave terciopelo de tus alas, en cuya envergadura me protejo.

Pues me refugio en ti incluso cuando duermes, a tus pies reclinado, en mi silencio.

Recogido a tus pies en mi silencio, que es de tu silencio, en mi sueño que es de tu mismo sueño.

Asombrado de ti mientras Tú duermes, asombrado de ti y acostumbrado a tu sueño de amor.

Me adormezco a tu lado como si fuera un niño o un lobezno.

Un cordero encontrado entre las cañas.

Un cachorro que acaba de nacer y se amamanta.

Me sueño entre tus brazos nuevamente.

Me sueño entre tus alas, escasamente escucho el murmullo del agua.

El rumor de las hojas de los álamos, el susurro del viento entre sus ramas.

(6)

El zumbido en sordina de la abeja, el runruneo interrupto de los escarabajos.

El relincho salvaje de los caballos que a lo lejos cabalgan.

Apenas oigo el choque de las olas contra el acantilado, solo escucho el silencio de tu sueño.

Solo sueño el silencio de tu pecho, solamente el silencio dentro de ti y en mí.

Alrededor de ti y envolviéndome en ti, haciéndome de ti, de tu silencio.

De tu silencio y de tu sueño, de tu sueño y tu aliento, de tu aliento y tu alma.

De tu alma y tu cuerpo, de tu cuerpo y tu sangre, de tu sangre que bebo hasta saciarme.

Pues mana de la herida de tu pecho, y mana de la herida de tus manos.

Y mana de la herida que aún sangra en tu costado, manantial de bondad y de belleza.

Manantial de hermosura, que al beberlo embellece y hermosea.

y(7)

Manantial de esperanza que siembra compasión, confianza derrama.

Me riega de clemencia y germina en mi ser su celestial dulzura, su sagrada ternura.

140

Y tierno me hago en ti, y dulce me hago en ti.

Bondadoso y hermoso, confiado y clemente.

Esperanzado en ti de tu propia esperanza, hermoso de tu propia hermosura.

Bondadoso de tu propia bondad, que es infinita, y de tu infinitud me hago infinito.

Y de tu plenitud nace el deseo, mi deseo de ti que es tu propio deseo.

Mi deseo de estar en ti para llenarte, mi deseo de tenerte en mi ser para estar lleno.

Lleno de ti, en plenitud de ti, que ahora duermes y a tus pies te contemplo.

Te contemplo postrado, arrodillado, asombrado ante ti, y enamorado.

[31]

(1)

Rendido ante tu sueño subo contigo al cielo, y he contado las nubes de una en una.

He contado las nubes, las estrellas, he contado los árboles, sus hojas, sus ramas y sus nidos.

He contado una a una las dunas del desierto y he contado su arena, y he contado las olas.

He contado las motas de sal que están disueltas, mientras tanto dormías.

Pero al fin te despiertas, me miras, te despiertas y vuelves a mirarme.

Y al mirarme amanece y llega el mediodía, y el mediodía es una palmera cimbreándose al viento.

El mediodía es un horizonte que se acerca y se riza en cuanto llega.

El mediodía es la luz que de tus ojos viene a todas partes, eres el mediodía cada vez que despiertas.

Cada vez que desiertas y me miras aparecen los ángeles y cantan.

Cantan como los mirlos y vuelven a esconderse entre las nubes, y las nubes son fuego.

(2)

Y el fuego prende en mí con más fuerza que nunca y me incendio por dentro, porque Tú me has mirado.

Me has mirado otra vez al despertar, y despierto me sigues contemplando.

Y mientras tanto tus manos se acompasan a las mías y al tomarlas me elevan contigo al más allá.

Más allá de los sueños, más allá del espacio sideral que una vez recorrimos.

Más allá de la última estrella que habita el universo.

Me llevas de tu mano por caminos recónditos, y a veces tengo miedo.

Pero venzo mi miedo pues a tu lado sigo, y ahora estás despierto.

Atravesamos cuencas y desembocaduras, cruzamos meteoros y desiertos.

Divisamos océanos que a lo lejos parecen espejos de la luna, o lunas, o luceros.

Auroras boreales que van hacia la tierra, icebergs que ya no son de hielo.

(3)

Me guardo entre tus alas, pero me asomo y miro sin cansarme de ver lo que contemplo.

Es la tierra que gira alrededor del sol, sin dejar de girar sobre sí misma.

Giramos como ella, y también hacia el sol, pero nos desviamos hasta otras galaxias.

No sé adónde me llevas pero sigo contigo, contigo a donde quieras.

Se ha terminado el mundo y voy contigo, he contado los árboles, sus ramas y sus hojas.

He contado las nubes y los rayos que por cada tormenta producían.

He contado las olas del mar y he contado las veces que al llegar a la orilla nos besaban los pies.

He contado también las huellas en la arena y los soplos al viento de tu respiración.

He contado el aliento que llega de tu pecho hasta el mío, y he contado las veces que al hablar me mirabas.

He contado mis sueños y los tuyos, he contado los nidos que habitan las cigüeñas, y las motas de sal.

(4)

Y las motas de arena, y los vencejos fieles que nos siguen, volando hasta cansarse.

Hasta las cordilleras donde el águila caza, vamos volando juntos sin pararnos.

Me llevas de la mano, guardado entre tus alas, cogida mi cintura por tu brazo.

Mi cintura de árbol milenario, mi cintura de barco de vela a la deriva.

Mi cintura de cielo descubierto, mi cintura de álamo o caña florecida.

Mi cintura en tu brazo como si fuera un junco o una espiga.

Mi cintura de pétalo adherido a la piel de tu costado.

Tu brazo me sostiene, elevado contigo más allá de las nubes.

Llegamos más allá de la última estrella y vamos respirando el aliento del cielo.

El fuego sideral del firmamento, el calor de tus brazos en mi cuerpo.

(5)

Siempre en vuelo, camino de la luz, camino de la gloria, de donde todo nace.

En donde todo crece en bondad y alegría, donde todo es precioso como diamante o gema.

Como el agua o la lluvia de perlas cuando truena y el choque de las nubes estalla y descarga su hielo.

Vamos bebiendo el aire y sintiendo el calor del sol cada vez más cercano.

Me acostumbro al calor porque arden tus manos sosteniéndome, no se cansan tus alas.

No se cansan tus brazos ni tus manos, no se cansa tu pecho de respirar.

No se cansa tu pecho de encender las estrellas a su paso.

No se cansa tu frente de soñar, de pensar, de imaginar el mundo.

No se cansa tu boca de pronunciar el nombre de las cosas y crearlas.

Me enseñas a decirlas y apenas las aprendo, y al decirlas contigo emergen a la vida y son creadas.

y(6)

Qué delirio de amor es otorgar el ser a cada ser, otorgar la existencia.

Establecer la esencia de las cosas y ordenarlas, a tu paso se ajusta el universo.

Se organizan galaxias, se pone en movimiento cada constelación.

Se detienen las estrellas fugaces, se coordinan las lunas para irse llenando poco a poco.

Y se ponen de acuerdo para distribuirse en los planetas.

Aprendo de tu boca las palabras que siembras a tu paso, sin llegar a entender tanto misterio.

Ese milagro de llegar más allá del espacio y del tiempo.

Y de estar en tus manos, sostenido en la fuerza de tus brazos, arropado en tus alas.

Protegido del fuego y tan solo sintiendo en mi seno el calor de tu seno y tu aliento.

Infinito viaje hasta llegar al Reino donde quieres llevarme, a donde quiero.

(1)

Al despertar en ti, cuando Tú despertaste y me miraste.

Al mirarme dijiste mi nombre una vez más y me llamaste.

Y al llamarme tu mano se anudó con mi mano, mi rostro se reflejó en tu rostro.

Tus ojos al mirarme se ataron a mis ojos, mi pecho solo pudo respirar de tu pecho.

Mi vientre se sembró de la semilla de tu vientre, mis entrañas heridas quedaron de tu encuentro.

Sangraron de tu encuentro, gozaron el deleite de tu encuentro.

Con pasión te miré, te vi despierto y te seguí, tras ese encuentro.

Tras ese encuentro de amor todo fue amor en mi oquedad, en mi vacío.

Lleno quedó por ti, de tu siembra de amor, de tu semilla de amor que pronto germinó.

Y fui campo de espigas y amapolas, en danza por el soplo de tus labios.

(2)

Y tus labios besaron mis labios y mi frente, y besaron mis manos y mis hombros.

Y besaron mi cuello, y me enseñaron a besar aquello que besabas.

El tronco de los árboles, sus ramas, las nubes que chocaban, llovían y tronaban.

Tus labios me enseñaron a besar cada ola y cada golondrina que volaba.

A besar cada mota de arena, cada duna, a besar al delfín, besar la caracola, y escucharla.

Al despertar tu boca me enseñó la palabra verdadera, me enseñó tu palabra verdadera.

Tus labios me enseñaron a besar con ternura y dulzura cada cosa creada, creada por tu boca al pronunciarla.

Me enseñaron a amar cada cosa creada, el árbol y la nube, el delfín, la medusa.

La liebre y el león, la cebra y el cordero, las fieras de la selva.

Los ciervos que en el bosque berrean y en la estación procaz se multiplican.

y(3)

Gracias a tu palabra las especies existen, engendran y procrean según Tú les enseñas.

Y por eso las amo pues tu amor obedecen, igual que te obedecen las estrellas.

Igual que te obedecen los lugares, los tiempos, que alcanzan por tu soplo su existencia.

Y tu espíritu en mí que al despertar me diste y me llenó de ti.

Que despierto me llenas y me llevas contigo en este vuelo, bajo tu pecho recogido.

Tu brazo rodeando mi cintura, asombrado de ti y acostumbrado a ti, cautivo de tu amor y enamorado.

Seducido por ti y embelesado, satisfecho de amor porque estoy a tu lado.

En vuelo sideral más allá del espacio y del tiempo, más allá de mi alma y de mi cuerpo.

Alrededor de ti y dentro de ti, a punto de llegar al lugar donde eres y habitas, a tu Reino.

A punto de penetrar definitivamente en ti, a punto de llegar al Reino de los cielos.

3ª parte
(final)
SERENAMENTE BRILLAS

¡Oh lucero que no conoce ocaso, Hijo de Dios resucitado, que has vuelto del abismo, y brillas, serenamente brillas!

(Pregón de la Vigilia Pascual)

y(33)

(1)

El brillo de tus ojos en mis ojos, el brillo de tu frente reflejado en mi frente.

El brillo de tus labios en mis labios, de tu boca en mi boca.

El brillo de tu rostro ilumina mi rostro.

El brillo de tu pecho se refracta en mi pecho y me lo inunda.

El brillo de tu vientre que germina en mi vientre.

El brillo de tus manos en mis manos y mis manos en ti como caricia pura y misteriosa.

El brillo de tus alas abriéndose a mi ser para acogerme y llenarme de luz como Tú mismo.

El brillo de tus pies acercándose a mí e hiriéndome también en puro gozo.

Brillas en mí como si fueras río o fueras luna.

Brillas en mí como el mar puesto en calma en cada amanecer.

(2)

Brillas en mí, eres en mí el puro mediodía, el sol en su cenit, la luna llena.

Brillas en mí como la orilla donde crecen los chopos y los álamos.

Brillas en mí como un cachorro que acaba de nacer, en mí como los ojos de la cierva parturienta.

Como los ojos de la pequeña lagartija, como la nube que se deshace sin llegar a ser lluvia.

Brillas en mí igual que un arco iris tras la lluvia.

Brillante en mí como la sal de las salinas, brillante en mí como diamante o perla pulida por las aguas.

Brillante en mí porque mis ojos miran por tus ojos.

Porque mi boca habla por tu boca, porque mis labios besan por tus labios.

Brillas en mí como el beso del atardecer, y como el beso de la noche.

Besas en mí como la aurora, brillas en mí como el hielo de las placas polares.

(3)

En mí como estrella del cielo, en mí como desierto en plenitud.

Porque eres la luz, porque eres el sol, porque eres la aurora, el mediodía.

En tu rostro se gesta la belleza del sol y de la luna.

En tu rostro se gesta la belleza de los cuerpos celestes.

La belleza de todo amanecer y de todo mediodía.

En tu rostro se gesta la belleza del mundo.

De la tierra y del mar, de la lluvia y los campos de espigas.

En tu rostro se gesta la belleza de las cosas creadas.

La belleza de la abeja que liba al atardecer.

La belleza de las olas que alcanzan la orilla por besarla, la belleza de su blanca espuma.

(4)

De tu rostro procede la belleza de las auroras boreales y la del fuego interno de la montaña.

La hermosura del mundo nace de tu mirada.

Porque miras al mar y lo hermoseas, miras a la montaña y la hermoseas.

En cada cordillera tu mirada hermosea las cumbres y las nieva.

En cada curso fluvial tu mirada acaudala y desborda las aguas a su debido tiempo.

De tu frente procede el transcurso del viento, la infinitud de la llanura.

La arena del desierto dorada como el cielo.

De tu frente procede el horizonte, de tu frente procede cada ola del mar, cada marea.

Cada soplo de viento que acaricia sus crestas, las blanquea, las bate, las deshace.

De tu frente procede la perfección de cada continente.

(5)

Y tus lágrimas riegan los bosques y las selvas.

Los árboles adoran tu beso y tu mirada.

Los helechos esperan constantemente el roce de tus manos.

Solamente los ciervos se atreven a mirarte y a llamarte a cualquier hora.

De tu frente procede la verdad y la dicha, la alegría de ser, la alegría de ver y de sentir.

Y de poder tocar, y de poder llorar, o reír, o sentir la dulzura.

De tu frente procede el pensamiento de las cosas, el pensamiento de la noche y el día.

El pensamiento del atardecer, el pensamiento que brota con cada mediodía o en cada aurora.

O en cada meandro de los ríos que transcurren por la llanura.

De tu frente procede la oquedad de los fondos marinos.

(6)

El movimiento natatorio de los peces, el salto del delfín a superficie.

De tu mente procede el deseo de ser y de existir.

La gracia de contar cada ola o cada gota de lluvia.

La gracia de contar la arena del desierto y de sus dunas.

De tu frente la luz, de tu frente los días y las noches.

De tu frente el deseo y todo cumplimiento del deseo.

De tu frente la luz que me ilumina y me indica el camino.

El camino hacia el árbol de la vida, el camino hacia la noche en que naciste.

Y la noche también en que resucitaste, la noche más amada y deseada.

El camino hacia el mar y al horizonte, el camino de un continente a otro saltando de tu mano.

(7)

De tu frente procede la luz que ilumina el camino de los hombres y de los ángeles.

El camino de las manadas de bisontes y las manadas de ñúes desesperados.

El camino de las bandadas de flamencos, el camino de las cigüeñas y de todas las aves migratorias.

De tu frente proceden, de tu frente, y de tu boca nacen la palabra y la llamada.

La palabra que nombra, la llamada que espera, la llamada que anhela.

La que nombra el nacer, la que nombra el vivir y el terminar.

La que nombra el comienzo y el fin, la que nombra la espiga y la amapola.

La que nombra la estrella y nombra la isla misteriosa.

La que nombra al caballo y lo pone al galope o nombra a la ballena gigantesca.

La palabra que nombra y al nombrar hace el mundo y lo dirige, lo ordena y lo gobierna.

(8)

Lo comprime y lo expande, lo contempla y lo ama.

De tu boca la voz y la llamada, que emerge de tu pecho, brota por tu garganta.

Estalla en cuanto asoma convertido en sonido, a tal velocidad que llega a todas partes.

Esa misma llamada que se oye en tu pecho y rebota en el mío haciendo eco.

El eco de tu voz que tantas veces oigo, porque al hablar la garza oigo tu voz.

Y al hablar la paloma oigo tu voz, y si habla la cierva oigo tu voz.

Y al balar el cordero oigo tu voz, y al aullar el lobezno oigo tu voz.

Y si truena la nube oigo tu voz, y si estalla en tormenta oigo tu voz.

Y si guarda silencio el águila en su vuelo también oigo tu voz.

Porque tu voz es de la luna y del océano, tu voz es de la ola gigantesca y del silencio de la tarde.

(9)

Tu voz es del paso de las horas y de la quietud del verano.

Cuando el calor aplana y la sangre consigue apenas circular.

Tu voz es la del niño cuando canta, tu voz es la del mirlo cuando busca alimento.

Tu voz es la del ciervo entre los árboles del bosque.

Tu voz es la del ángel en las nubes de azúcar.

Tu voz es la del viento entre las ramas del florecido almendro.

La voz de la llanura y las cuencas fluviales.

Tu voz es la del agua goteando en las entrañas de la tierra.

Gota a gota, configurando estalactitas y estalagmitas misteriosas.

La voz de tu garganta en mi garganta, la voz que configura tus palabras y me da la palabra.

(10)

Y aprueba la existencia de las cosas creadas, las afirma y mantiene.

Ratifica su ser, las abrillanta, pues es tu propia luz la que da brillo al mundo.

Por ti brilla la estrella y brilla la luciérnaga.

Por ti brillan la espiga y la flor del almendro.

Por ti brilla la higuera al cuajarse de frutos, por ti brilla la luna que se llena.

Por ti brilla en el fondo del mar el caballito, y brilla la medusa.

Y brillan las escamas, las aletas alertas de los huidizos peces.

Por ti brillan la cumbre nevada y la salmuera de las blancas salinas.

Por ti brillan los niños que juegan en la playa cuando salen del agua.

O cuando saltan, o se arrojan intrépidos, audaces, en busca de las olas.

(11)

Por ti brillan las olas y su espuma, y se adornan las minas de diamantes.

Por ti buscan los ríos su desembocadura.

Por ti se acercan muy despacio unos a otros los cinco continentes.

156

Y por ti los muchachos aprenden a nadar en las bahías.

Porque Tú les enseñas a nadar y a reír, a respirar el aire y a beber agua dulce.

Les enseñas a amar lo que has creado, a amar de corazón a la ola y al árbol.

A la nube y al trueno, al cielo y al lejano horizonte que pretenden.

Les enseñas a amar de corazón al ciervo y al caballo.

Al toro y a la cebra, al león y a la liebre.

A amar de corazón el fondo del océano y la lluvia imprevista.

(12)

A amar el arco iris y el color de la aurora, el aroma del pino.
Y la blancura de la luna que riela sobre el agua.
Tu corazón enseña a amar y cada palabra que sale de tu boca
        enseña a amar.
Porque germina y crece desde tu corazón, tu corazón de luna.
Tu corazón de lluvia necesaria, tu corazón de ola que acaricia.
Tu corazón de ángel de la guarda, tu corazón que late como el
        mío.
Tu corazón de nube de algodón de azúcar, tu corazón de espiga ya
        madura.
Tu corazón de fruto de la higuera, tu corazón más dulce que la
        miel de la abeja.
Tu corazón de núcleo de la tierra, a punto de estallar en
        maremoto.
Brilla tu corazón e inunda el pecho de luz que se derrama.

(13)

Y lo ilumina todo, y lo deslumbra todo.

Y que lo incendia todo, a todo prende fuego, a todo lo hace arder.

Apasiona y cautiva, encrespa y enardece, porque a todo lo inflama.

Lo calienta, lo embriaga, lo hace palpitar, trastorna y enloquece tanta luz, tanto gozo.

Tu luz me hace abrasar como si fuera llama o fuera rayo.

Tus ojos al mirarme brillan como la espuma iluminada.

Tus ojos al mirarme arrebatan mi sangre que salta de mis venas por mezclarse en la tuya.

Tu corazón estalla en luz que cae sobre mí y apasiona mi carne y hasta la transfigura.

El brillo de tu cuerpo transfigura mi cuerpo, lo eleva sobre el mar, sobre la tierra.

Lo lleva casi al cielo, lo encumbra hasta tu cuerpo.

(14)

Lo glorifica en ti, que eres transparente, cristalino, diáfano.

Tu cuerpo luminoso y traslúcido, puro y limpio como la arena del desierto.

Como el agua marina, abisal, insondable, tu cuerpo me arrebata y me hace suyo.

Que eres penetrable y entro en ti como quien salta al agua desde el acantilado.

Como quien brinca al árbol de la vida y conquista su fruto, y lo devora.

Dentro de ti soy luz como la tuya, dentro de ti ilumino también lo que descubro.

Si descubro tus manos ilumino tus manos, si descubro tu pecho ilumino tu pecho.

Si descubro tus alas ilumino tus alas, si descubro las heridas de tu frente también las ilumino.

Y dentro de ti descubro tus entrañas y ellas me deslumbran.

Y deslumbrado en ti vuelvo a ser de tu luz, vuelvo a ser de tu cuerpo luminoso.

(15)

Vuelvo a ser de tu ser que mi ser glorifica nuevamente.

Glorificado en ti, resucitado en ti, cuerpo resucitado en ti.

Glorificado en ti, luz de tu propia luz, sol de tu sol, estrella en tus estrellas.

Llama y fuego de ti, brillo en tu resplandor, destello en la aureola de tu rostro.

Rayo que tu mirada emite hasta la mía, para siempre de ti.

Esta noche de ti para todas las noches, esta aurora de ti para cada aurora.

Este mediodía en ti para todos los mediodías, porque brillas en mí y alrededor de mí.

El rayo de tu luz me envuelve y me cautiva, me lleva a la lejana selva para amarme.

Me lleva hasta las dunas del desierto para amarme.

Me lleva al hielo de los polos para amarme.

(16)

Me lleva a la cara oculta de la luna para poder amarme.

Me lleva a las constelaciones del zodiaco para amarme.

Me lleva a la desembocadura de los ríos para amarme.

Me lleva a las cumbres nevadas de las cordilleras para amarme.

Me lleva tu luz a las entrañas de la tierra para amarme.

A sus ocultas oquedades para amarme, al abismo lejano para amarme.

Tu luz me arrastra en ti, sin sacarme de ti, sin trascender de ti.

Al secreto del viento para poder amarme.

Amarme y deleitarse en mi ser ahora en su ser.

Amarme con el aliento de tu boca, amarme con la palabra de tu boca.

(17)

Amarme con el beso de tu boca, amarme con los sueños de tu frente.

Amarme con la caricia de tus manos, amarme con el latido de tu corazón.

Amarme con la circulación de tu sangre, con el pálpito de tu carne.

Con la pasión de tus llagas, con el dolor de tus heridas.

Con el incienso de tu espíritu infinito.

Amarme con la infinitud de tu ser, en la eternidad de tu ser, en la plenitud de tu ser.

Amarme en tu mirada, amarme en tu palabra, amarme en la caricia de tus manos.

Amarme en el fulgor potente de tus brazos, amarme en el refugio de tus alas.

Amarme en el cauterio de tus llagas, amarme en el martirio de tus besos.

Amarme en el calvario de tu encuentro, amarme hasta el lamento, torturarme.

(18)

Hecho de ti, suplicio en ti de tanto gozo, puro gozo de ti.

Puro grito de amor que asombra al universo, lo despierta, lo asusta.

Lo pone en movimiento y le hace girar sobre sí mismo, temblar sobre sí mismo.

Gritar también de amor como yo mismo en ti mismo.

Puro espíritu en ti, y pura carne en ti, y pura sangre en ti.

Cabalgando a tu lado para siempre, envuelto entre tus alas para siempre.

Respirando tu aliento para siempre, oyendo tu palabra para siempre.

Nutriéndome tu sangre para siempre, en vuelo por tu reino para siempre.

Soñando de tus sueños para siempre, nombrando cada cosa por su nombre para siempre.

Contando tus latidos para siempre, oliendo a lo que hueles para siempre.

(19)

Saboreando tu dulzura para siempre, sintiendo tu ternura para siempre.

Gozando tu bondad y tu hermosura para siempre, contemplando tu rostro para siempre.

Reflejándome en el espejo de tu rostro para siempre.

Contemplando tu ser y su belleza para siempre.

Sabiendo para siempre lo que es la perfección porque sólo Tú eres perfecto.

Tan sólo Tú eres bueno y eres clemente y misericordioso.

Tan sólo Tú eres la bondad y la misericordia.

Tan sólo Tú, que eres el más hermoso de los hombres, muerto y resucitado para siempre.

Muerto en mí, resucitado en mí, muerto yo en ti, y me has resucitado.

Y me has llevado en ti, dentro de ti y Tú dentro de mí, para poder amarme.

y(20)

Para seguir amándome, muerto de amor por ti tu amor me resucita, tu amor me resucita.

Muerto de amor por mí, resucitaste, y me volviste a amar, y me volviste a amar.

Tanto me amaste que en ti me derramé para mezclarme en ti, para mezclarme en ti.

Tu sangre con mi carne, tu carne con mi sangre, cuerpo de mí en ti.

Apasionado en ti, enamorado en ti, de ti, por ti.

Glorificado en ti, resucitado, hombre tú, Hijo de Dios glorificado.

Porque tanto me amaste que en ti me derramé para mezclarme en ti.

Que tu sangre se mezclara con mi sangre, que tu carne se mezclara con mi carne, cuerpo de mí en ti.

Y apasionado en ti, y enamorado en ti, de ti y por ti, resucitado y redimido en ti.

Glorificado yo también en ti, y tú Resucitado, hecho Hombre tú, Hijo de Dios, Glorificado.

ÍNDICE

Ediciones Vitruvio

Colección Baños del Carmen

Últimos libros publicados:

Mil años de poesía (1000-2000), número mil de la colección Baños del Carmen

Autobús nocturno, de Luis Machuca Moreno

Donde nadie dirige la mirada, de Fernando Fiestas

Siempre promete amanecer, de Ignacio Eufemio Caballero

Recuento de ilusiones, de Norberto Garcés

Y la que escucha no es ella, de Silvia López Ripoll

La levedad, de Cristina Liso

La niña que ha sembrado la tierra del poema, de Josela Maturana

Despacio y tiempo, de Angie Expósito

El agua en la mano, de Félix Recio

Parábola entre parabólicas, de Pablo Villa

Centinela del viento, de Daniel López Acuña

Guiñol, de Pedro López Lara

Historias encontradas, de Domingo Luis Hernández

El gozo cumplido, de María José García Mesa

Postales del norte, de Juan Gil Bengoa

Obra poética incompleta, de Yong-Tae Min

La ley del soneto, de Modesto González Lucas

Franqueo en destino, de José Félix Olalla

Otro tipo de abreviatura, de Isabela Basombrio Hoban

Cuando llegues, de Carlos Cortés

Palabras, pájaros y cobijo, de Victoria Muñoz Arenas

Éramos esto, de Pilar Úcar Ventura

Después de la belleza, de Rafael Talavera